La
cenicienta
que regaló su
zapatilla

Mariesther Martínez Eroza

Prólogo: Janett Arceo

La cenicienta
que regaló su zapatilla

**Cómo pedir a la vida que tu principe
no se convierta en sapo
y otras cosas que
deberías saber como mujer
para ser feliz**

DIANA

Diseño e ilustraciones de interiores: Beatriz Díaz Corona J.
Diseño de portada: Alma Núñez y Miguel Ángel Chávez / Grupo Pictograma
Ilustradores
Fotografía de la autora: Nadine Markova

© 2013, María Esther Martínez Eroza

Derechos reservados

© 2013, Editorial Planeta Mexicana, S.A. de C.V.
Bajo el sello editorial DIANA M.R.
Avenida Presidente Masarik núm. 111, 2o. piso
Colonia Chapultepec Morales
C.P. 11570, México, D.F.
www.editorialplaneta.com.mx

Primera edición: noviembre de 2013
ISBN: 978-607-07-1946-2

Impreso en los talleres de Litográfica Ingramex, S.A. de C.V.
Centeno núm. 162-1, colonia Granjas Esmeralda, México, D.F.
Impreso y hecho en México - *Printed and made in Mexico*

Y un buen día me atreví a PEDIR.
Y no fue una petición simple...
Pedí AMOR y la Vida respondió.

A TI, JOSÉ LUIS, mi prueba contundente
del "PIDE y se te DARÁ".

A TI, BENDITA MUJER,
Madre, Hija, Esposa, Profesionista, Estudiante,
Científica, Deportista, Activista, Ejecutiva.
A ti Mujer para la que hablo, para la que escribo,
la que con sus historias y sus éxitos alimenta mi
creatividad y a quien respeto profundamente.
A ti Mujer valiente, guerrera, triunfadora que
nutres cada día las filas de la Mujer Actual,
decidida y plena.

**A FER, GAB Y A TODAS LAS NIÑAS
Y JOVENCITAS,**
para que puedan cambiar los ejemplos
de sumisión y abnegación heredados
y *se atrevan a pedir más a la vida.*

CON MI MAYOR RESPETO, PARA TI MUJER...

Agradecimientos

La Gratitud es una virtud y un ejercicio maravilloso
que nos permite recordar todas las bendiciones
que la Vida nos ha dado.

Entre mis grandes bendiciones
se encuentra la amistad de muchas mujeres maravillosas
que han cruzado mi camino
y se han quedado, formando parte de mi vida
y mi carrera.

GRACIAS, QUERIDA JANETT ARCEO,
por tu cariño, tu amistad y porque toda persona
que te conoce coincide conmigo
acerca de tu calidad humana y tu profesionalismo.
Gracias por ser parte importante de este proyecto.

GRACIAS, QUERIDA TERE BERMEA,
porque fuiste una pieza clave
para la concepción de este libro
en una de nuestras tantas andanzas en este
camino del Desarrollo Humano.
Gracias por ser mi cómplice.

**GRACIAS, QUERIDA
SYLVIA SÁNCHEZ ALCÁNTARA,**
por tu confianza y por darme la oportunidad
de llegar a tantas mujeres mediante un foro
tan importante como Retos Femeninos.

**GRACIAS A MI QUERIDA FAMILIA
EDITORIAL DE GRUPO PLANETA.**

Contenido

Prólogo

Porque somos amigas y porque tengo la fortuna de contar con su colaboración para mi programa *LA MUJER ACTUAL*, Mariesther ya me había dicho que estaba muy entusiasmada por sacar su siguiente libro.

Después del éxito con *SOPA O SEXO* y conociendo el compromiso personal que tiene con sus miles de lectoras y radioescuchas, además de tantas seguidoras que asisten a sus cursos y talleres, la autora no podía hacer otra cosa que llevarlas hasta donde están sus "atorones" emocionales, y tras una valiente exploración de temores, culpas y creencias, entre otras cosas, nos mueve a todas a la auto observación.

Con excelente sentido del humor, Mariesther nos deja sentir que somos CENICIENTA.... pero 15 años después de la boda con aquel gallardo príncipe, y nuevamente nos encontraremos con la simpática e inteligente HADA MADRINA que nos pone una buena madre...ada al confrontarnos con los diferentes roles que desempeñamos y nos dice: *Mujer.... atrévete a pedir más a la vida.*

PEDIR es algo que, en lo personal, me cuesta mucho trabajo. Tengo el privilegio de haber empezado a trabajar en la TV desde los tres años de edad, y recuerdo cuando íbamos mi madre y yo a la ANDA (Asociación Nacional de Actores) cada semana a cobrar mi participación de los programas en los que actuaba. En la cafetería hacían un delicioso pay de limón que se veía muy sabroso y siempre tuve ganas de probarlo, pero nunca me atreví a pedírselo a mi mamá. Fue hasta muchos años después, cuando se lo confesé y mi madre me contestó: ¿Y POR QUÉ NUNCA ME LO PEDISTE?

¡Claro! Entonces entendí que todo es cuestión de PEDIR. A partir de ese momento me dedico a hacerlo.

En mi mesa de noche siempre tengo un cuaderno y una pluma, ese cuaderno es MI LIBRETA DE PETICIONES. Antes de dormir pido por escrito. Al despertar, hago mis peticiones. El caso es que soy una "pedinche".... ¡Sí!, me encanta pedir a mi Padre Celestial y le pido en GRANDE. Mi madre me dijo: "pide a Dios con todas tus fuerzas, reza como si todo dependiera de Él y luego trabaja por conseguirlo como si todo dependiera de ti".

Pues aquí estamos, frente a un excelente cuaderno de trabajo.

Me atrevo a decir que LA CENICIENTA QUE REGALÓ SU ZAPATILLA es un libro que me enfrentó con mis emociones, actitudes, estereotipos y me hace consciente de mi grandeza personal.

Te invito a leer con todo cuidado esta entrega de Mariesther Martínez Eroza. Lo único que puede pasar es que, como yo, le agradezcas que te hable con tanta soltura y claridad, lo que tal vez nadie se atrevería a cuestionar.

JANETT ARCEO

Introducción

P edir o no Pedir.... Ésa es la cuestión.

¿Por qué el Pedir se vuelve tan complicado cuando se trata de nosotras?

Podemos pedir por los enfermos de la India, por el hambre de los niños de África, por la Madre Tierra; por supuesto, también por nuestros seres queridos, para que todo les salga bien, o por la vecina, que tiene muchos problemas, y así, una lista interminable. Nadie como una para pedir por los demás. Sin embargo, cuando se trata de pedir algo para nosotras, de inmediato surgen frases como las siguientes: "No, yo estoy bien, de veras", "Para qué te molestas, total, soy yo" o "No, no es necesario, yo puedo aguantar...".

Aceptamos el papel de sumisas que, con el tiempo y la constancia, se convierte más bien en un rol de "sumensas": aquí está *su mensa* para servirle, aquí está *su mensa* para aguantar, aquí está *su mensa* para guardar silencio y llevar la fiesta en paz...

Si estamos en una reunión sentadas en la silla más incómoda y alguien nos ofrece un sillón más amplio, inmediatamente decimos: "No te preocupes, aquí estoy bien". Si en un restaurante el platillo "del día" parece más bien "del mes pasado", somos capaces de masticar ochenta y cuatro veces el bocado antes que pedir al mesero que lo cambie por un platillo mejor, no obstante que de cualquier manera lo vamos a pagar como si hubiera estado delicioso.

Aguantamos estoicamente las adversidades de la vida, del mismo modo que aguantamos las bolsas pesadas del supermercado, aguantamos el hambre para que todos coman primero, aguantamos la enfermedad sin quejarnos, aguantamos las ganas de llorar para no agobiar a los demás... Bueno, aguantamos hasta las ganas de ir al baño por no atrevernos a expresar nuestros deseos y nuestras necesidades. *¡No nos atrevemos a pedir!*

Y la vida sólo nos va a dar lo que creemos merecer...

Así que aprendamos de la historia de Cenicienta quince años después, quien nos mostrará todo lo que no debemos hacer, y sigamos la guía del hada madrina, quien nos aconsejará: *Regala esa zapatilla que te encadena y representa un pasado infeliz.* Tú eres la princesa de este cuento. Si te identificas con ella, es hora de que despiertes y te atrevas a responder a la siguiente pregunta: "¿Qué va a querer la princesa?".

De "Vivieron
felices por
siempre…"
a quince
años después

Érase una vez un día normal, en una vida normal, como muchos de los días que pasaban en la vida "normal" de Cenicienta.

Se levantó al amanecer para enviar a sus reales hijos a la real escuela, preparó el nutritivo *lunch* y verificó que a las mochilas no les hiciera falta nada.

Debido a que la mala situación económica había afectado al real príncipe, ella tuvo que despedir a toda la servidumbre y ahora tenía que fregar los reales pisos y tender las reales camas de las reales alcobas de su Real Vida o, más bien... de su Vida Real.

Y ahí tenemos a esa hermosa princesa de antaño, quince años después, soñando con ese hermoso baile y ese encuentro con aquel príncipe azul que le cambió la vida para siempre. Esas memorias ella las guarda como un tesoro porque le recuerdan todos los planes que en aquel momento llenaban su mente, visualizando su futuro: una vez casada, al fin disfrutaría una situación privilegiada. Podría viajar para conocer otros reinos y otras culturas; podría tener un hermoso guardarropa para lucirlo en las fiestas a las cuales la iba a llevar con orgullo su príncipe adorado. Apoyada por toda la servidumbre, tendría tiempo para leer y prepararse y así cultivar su intelecto... ¡Cuántos proyectos abrigó entonces, que la iban a convertir en una mujer plena! Esos planes que ahora, quince años después, no terminaban de convertirse en realidad porque, al igual que ocurrió en el pasado, ella tendría que terminar sus labores en el castillo para poder asistir a tan preciado baile.

Y para lograr alcanzar sus sueños, ella **debe** cumplir con sus labores: ser una esposa modelo, criar hijos maravillosos, mantener brillante y lustroso el castillo, y batallar con el espejo todos los días para aparecer ante todos como esa princesa digna que el príncipe eligió entre muchas otras mujeres casaderas. Sólo cuando ella haya cumplido con todas esas expectativas, entonces podría comenzar a pensar en sí misma.

Así estaba la princesa, soñando y soñando, cuando unos fuertes golpes en la puerta del castillo la sustraen de su ensoñación. Entonces deja a un lado los enseres de la limpieza y corre a atender el llamado de la puerta:

—¿Diga?...

—Este... pues aquí traigo un paquete. ¿No está tu patrona?

—¿Perdón?

—Oh, ¿¡pos qué no oístes!? ¡Que si está la señora de la casa!

—¡YO SOY LA SEÑORA DE LA CASA! —responde Cenicienta, humillada.

—Naaaa, ¿te cai?

—Sí, soy la princesa Cenicienta.

—Chaaale. ¿A poco sí? Pos disculpe, señito, pero la verdad no lo parece... Fírmele aquí, porfa... ¿Cenicienta? Chaale; más bien parece Servicienta... ¡No maaanche!

Y la deja ahí parada, tragándose su enojo.

Por supuesto, ella dice lo mismo, ¡No manches!, cada vez que la imagen del espejo la hace recordar sus tiempos de Cenicienta llena de polvo, de grasa, de desilusión. ¡Pero si ella nunca había soñado con esto! Ella tenía planes, tenía sueños. Y todos esos sueños se fueron postergando. Dejó de ser la Cenicienta para convertirse en la Servicienta que nadie valora. Y lo peor de todo es que hace mucho tiempo ella dejó de valorarse a sí misma.

—Claro, la gente te dice: "Encuentra a un buen hombre y CÁSATE, es lo mejor que te puede pasar"; pero una vez que lo haces, empieza la lista del "tienes que": tienes que dedicarte a atender a tu marido y la casa que él tan amablemente te puso... Luego vienen los hijos. Y dedicarte a ellos ocupa

todo tu tiempo y tu energía; pero ni te atrevas a repelar porque ¡una mujer cría buenos hijos y sufre en silencio! Y ahí
estás completamente entregada, sacrificando todo por ellos.
Y así, siguiendo el guión que otros escribieron para ti, te dicen que te debes a todo el mundo: a tu marido, a tu casa, a
tu familia. Y entonces viene la pregunta: "Y YO, ¿CUÁNDO?".
¡Claro que no parezco la señora de la casa! El cuerpo que tenía lo perdí con tanto embarazo, y estas ojeras y estas arrugas no son consecuencia de los "años vividos", sino de los
"daños sufridos". Y mi ropa buena, aparte de que ya no me
queda, se quedó en el ropero empolvándose, porque cuando por fin hay una oportunidad para salir a divertirme, el
cansancio me dice: "Mejor nos quedamos en la casa a ver
una película", y enfundada en mi piyama matapasiones me
quedo dormida a los cinco minutos de que empezó aquella
película que no pude ver en el cine y que tantas ganas tenía
de ver. ¿En qué momento me extravié? ¿En qué momento
se perdió la hermosa princesa que soñaba fantasías maravillosas? ¿Alguien me puede explicar dónde la dejé? ¿Acaso
alguien tiene la respuesta?

Y de repente, en ese momento mágico de redención y
desesperación, se enciende una luz intensa en la habita-
ción, detrás de la cual aparece una hermosa voz que dice:

—¿Me llamaste, querida?

—¡Ay, en la madre...!

—No, no soy tu madre, soy tu hada madrina.

> "*Encuentra a un buen hombre
> y cásate, es lo mejor
> que te puede pasar.*"

—Ay, Diosito; no puede ser, ya estoy oyendo voces. El neurólogo que me atiende las migrañas me advirtió lo de las voces ¿O será la menopausia precoz? ¿Me estaré volviendo loca?

—No, querida, no te estás volviendo loca. Más bien comienzas tu viaje de regreso a la cordura.

—No, Diosito, te juro que ya no me vuelvo a tomar las botellas de la cava real mientras hago el quehacer. Te juro que voy a honrar al príncipe aunque me haya puesto el cuerno tres veces y seguiré siendo abnegada y sumisa, pero, por favor, aleja esas voces de mi cabeza.

—Cálmate, Cenicienta. Si estoy aquí es porque tú me has llamado...

—¡¿Yo?! ¡Yo no he estado llamando a nadie!

—Conscientemente, no; pero tu inconsciente ha estado pidiendo ayuda constantemente. Todas las veces en que te imaginas a ti misma realizándote a plenitud, soñando con ser exitosa y recuperando la chispa de tus ojos... En esos sueños me llamas. Yo soy tu hada madrina.

—¿Mi hada madrina? ¿Acaso tengo un hada madrina?

—¿No te acuerdas de mí? Soy precisamente la que te llevó a aquel baile cuando eras jovencita.

Y en ese momento, Cenicienta recordó.

—¡Aaah, claro! Entonces tú fuiste la que literalmente "ME LLEVÓ AL BAILE". Gracias a ti estoy casada con ese bueno para nada, hijito de papá, mantenido y miserable príncipe. Gracias a ti tuve tres hijos y estas estrías que no me permiten usar bikini. Y gracias a ti renuncié a mis sueños personales para compartir estos sueños "reales". ¡¿No crees que tienes muchas cosas que explicarme?!

—Calma, querida, calma. Entiendo cómo te sientes.

—¡No, claro que no lo entiendes porque tú vives en un mundo irreal! No vives en este mundo.

—Verás princesa, tienes razón: yo no vivo en este mundo y por eso no puedes verme. Digamos que el mundo en el que yo vivo no está afuera: no es material ni físico. El mundo del que provengo está en ti. Adentro de ti. Yo soy tú misma. Soy tus sueños y tus deseos, pero también tus decisiones y tus consecuencias.

—Entonces, ¿a qué viniste? ¿A decirme que yo tengo la CULPA de todo lo que me pasa? ¿Que yo soy la CULPABLE de lo que estoy viviendo?

—Utilizas una palabra muy fea: *culpa*. Ése precisamente es el término que nos tiene crucificadas. Yo vine porque cada vez que llorabas en silencio, pidiendo una respuesta, me llamabas. Estoy aquí porque muchas veces te escuché preguntar al cielo: "¿Esto es todo lo que la vida tiene para mí?".

—¿Y estás aquí para responder a mis preguntas? —indagó Cenicienta con el rímel de sus pestañas resbalando por sus mejillas.

—Sí, princesa. Estoy aquí para preguntarte, esperando que me respondas de corazón: "¿QUÉ VA A QUERER LA PRINCESA?".

—¿Qué va a querer la princesa...? ¿Te refieres a mí? —suspira Cenicienta—. Qué raro se escucha esa frase: "Qué va a querer la princesa". Suena bien, suena lindo, suena maravilloso.

—Suena maravilloso, y lo es. Sí se puede *pedir;* sí se vale pedir. Pero las personas suelen enfrascarse tanto en sus problemas y en la inercia de su vida, que lo olvidan y cometen grandes errores.

—¿Y cuáles son esos errores?

Viviendo
en el error

El principal error que puede cometer un ser humano es dejar de Pedir, pensar que la vida es limitada y que no tiene al alcance los medios para poder realizar sus sueños. Todos los adultos, en mayor o menor medida, solemos pedir alguna cosa. Pero los niños, con su natural espontaneidad, siempre piden todo lo que desean; en ocasiones su petición será compensada y en muchas otras recibirán un "no" como respuesta. Y poco a poco irán diseñando mecanismos para poder enfrentar esas respuestas.

—¿Has leído alguna carta dirigida a Santa Claus escrita por un niño?

—Por supuesto. Recuerdo mucho las mías, que muy pocas veces fueron respondidas; pero tengo más presentes las de mis hijos. Y al leerlas sólo veo la cara de preocupación del Santa Claus "real" porque no puede cubrir esos pedidos.

—Efectivamente, los niños no saben qué no es posible conceder. Elaboran una enorme lista pidiendo todo lo que les dicta su imaginación. En su carta piden la bicicleta, la muñeca que habla, la cocinita totalmente equipada, la colección de *Barbie*, el carro eléctrico, los videojuegos más caros y todo lo que su generosa imaginación puede abarcar. Y para complementar, su alma inocente al final agrega: "Ah, y también te pido que haya paz en el mundo".

Y, por supuesto, cuando los padres leen semejantes peticiones empiezan a ponerse nerviositos y utilizan el recurso más cruel disfrazado de "discurso de formación de valores" y responden a su hijo: "¿Y de verdad crees que te mereces todo esto? ¿Has sido buen hijo? ¿No te has peleado acaso con tus hermanos? ¿Les has contestado mal a tus padres? ¿Obedeces ciegamente todas nuestras órdenes?".

Y como no hay hijo perfecto, el pequeño duda y comienza a descartar uno por uno los deseos de su carta, con lo cual aprende que para obtener lo bueno de la vida debe hacer méritos, y que aunque sea un niño bueno, eso nunca será suficiente para Santa Claus. Por supuesto, también comprende que hay compañeritos que no son tan buenos como él, pero al parecer su Santa Claus tiene más recursos y entonces ellos sí obtienen todo lo que piden.

Entonces, poco a poco dejamos de pedir, aunque siempre nos queda la esperanza de que al menos en algún momento haya paz para el mundo.

Así es como vamos deformando nuestra mente y empezamos a caer en esos errores, que es importante identificar para conocerlos bien, detectarlos cuando aparezcan y no volver a cometerlos.

Estos errores son la *ignorancia*, la *creencia*, el *temor*, el *orgullo*, la *falta de claridad* en lo que queremos y, por supuesto, los problemas de *autoestima*.

—Pues la verdad, yo "ignoro" si he cometido alguno de esos errores.

—Espérame tantito, que aún no te explico en qué consiste cada uno de ellos.

LA IGNORANCIA

La mayoría de la gente vive en la más absoluta ignorancia, pues no sabe que el ser humano proviene de la fuente que creó *todo*. Somos hijos del Ser que creó universos enteros y que mantiene un orden cósmico perfecto capaz de sostener la vida en todos los sentidos; del Ser que hace crecer las plantas y las flores en ciclos perfectos de vida y muerte y quien diseñó los océanos con una inimaginable variedad de especies propiciando que todo conviva en total armonía.

Ese maravilloso Ser te creó a ti en su más majestuosa obra, haciéndote a su imagen y semejanza. Ese Ser que es toda abundancia está para servirte a ti.

Sin embargo, los seres humanos se han alejado de su fuente creadora. No saben que la abundancia, en todos los sentidos, está a su alcance y que pueden ir y simplemente tomarla. No saben que *sí se puede pedir* y, por el contrario, creen vivir en un mundo injusto lleno de circunstancias que los llevan de un lado a otro, como un barco a la deriva, incapaces de tomar el timón y decidir a qué puerto quieren llegar. Viven ignorando su capacidad de elección, ese poder que les fue otorgado a todos los seres humanos y que se llama "libre albedrío". Y en esa libertad para elegir lo malo o lo bueno, parece que la decisión que han tomado es sufrir, resignarse y cargar una cruz en sus espaldas.

Es de vital importancia que sepan que no son marionetas de nadie, que deben tomar el control de su vida a través de sus deseos y sus decisiones, asumiendo las consecuencias y superándose a partir de ellas. Bien dice el dicho: "Pide y se te dará; busca y encontrarás, toca a la puerta y se te abrirá". Esto, querida, ¡es una gran verdad!

Además, al estar hechos a imagen y semejanza del Creador, tenemos el poder de ser cocreadores de nuestra propia vida.

—¿De verdad podemos elegir? Yo siempre creí que lo que estoy viviendo era el destino que me tocaba vivir, que era la cruz que me correspondía cargar. ¿Tú crees?

—Ahora que lo mencionas, creer es otro *error*.

LA CREENCIA

CREER no es SABER. Creer es intuir, sospechar, confiar en algo que puede o no ser real. Sin embargo, aunque no sea real, de tanto repetirnos esa creencia, podemos materializarla en nuestras vidas.

Las personas CREEN erróneamente que la vida no les dará lo que le piden. Hay personas que CREEN QUE MERECEN POQUITO, así que piden poquito y se conforman con poquito. Otras piensan que ya pidieron demasiado o que no merecen pedir más. Como si el Creador llevara una lista y esta lista tuviera límites. ¡Ignoran que la fuente es ilimitada!

—La verdad, yo estoy muy agradecida por todo lo que la vida me ha dado. Y me da pena pedir más.

—Recuerda, querida: *creamos* lo que *creemos*: al cliente... lo que pida.

Desafortunadamente, hemos aprendido a creer más en lo malo que en lo bueno. Por eso atraemos a nuestras vidas esta última calidad de pensamientos. Las creencias y las programaciones negativas que vamos acumulando en el transcurso de nuestra vida nos mantienen en la ilusión de la carencia, la enfermedad y el desamor.

Pero lo peor de todo es la creencia que vamos formando acerca de nosotros mismos, la forma en que nos percibimos. Cuando una persona vive en un entorno hostil, donde es atacada, descalificada y juzgada, se formará una autoimagen débil y padecerá una muy baja autoestima. Y, por el contrario, si vive en un entorno positivo, reforzará una imagen empoderada que le abrirá las puertas en el futuro.

—¿Y cómo adquirimos esas creencias?

—Las adquirimos en el transcurso de nuestra vida terrenal. Cuando llegas a este planeta en forma de bebé, eres una esponjita que absorbe absolutamente todo lo que viene de tu medio ambiente. Un bebé es el ser más puro e inocente que existe en el mundo. Es un milagro en potencia y un océano de posibilidades. Pero ese bebé recibe información directa de sus padres, de su escuela, de su religión y de todo lo que lo rodea, así que se moldeará de acuerdo con todo lo que aprende.

Todas tus vivencias, tus carencias, tus alegrías, tus soledades y, en fin, todo tu desarrollo, te enfrentarán a situaciones que interpretarás de una forma o de otra y se convertirán en creencias que pueden limitarte en tu vida futura. Si no tienes una guía que te fortalezca ante las derrotas, que te ayude a sortear las tempestades y que reconozca tus logros, entonces tú solo sacarás conclusiones y muchas veces te inclinarás hacia lo negativo.

—No, pues ya me amolé. Si nuestros padres influyen de una forma tan importante en nosotros, imagínate qué tipo de creencias tengo si viví con una madrastra terrible y con un padre débil que en la casa no tenía voz ni voto.

—Así es, querida, tus creencias más importantes son: "no valgo", "no sirvo" y "no merezco". Y vivir con esas creencias te convirtieron en una persona muy temerosa. Y el temor es otro terrible error.

EL TEMOR

El *temor* nos bloquea y nos paraliza. Cuando un bebé nace es puro *amor*, pero con el tiempo va a conocer el temor. Durante su crecimiento, los niños tienen que adaptarse progresivamente a un mundo que no está diseñado para ellos. Es como ir a vivir a un país de gigantes donde todo es alto, todo es peligroso y nadie los entiende. Y lo que los adultos hacen para "protegerlos" es educarlos con amenazas constantes para que tengan cuidado, predisponiéndolos al temor. Aquí es cuando aparecen personajes como el Coco, la Bruja, el Señor del Costal y todos esos horrores que los padres utilizan, según ellos, para proteger a sus pequeños, a quienes enseñan a desconfiar de los extraños y a no hablar con nadie; incluso a cuidarse del frío, del agua y del sol para no contraer una enfermedad.

—No olvides la Mano Peluda, la Chancla Voladora, el Demonio... ¡Qué horror! Yo aún siento miedo.

—¡Claro! Pero aunque ahora entiendas que esos personajes no existen, tus temores los proyectas en la forma como enfrentas tus problemas de adulto, es decir, que los miedos permanecen dentro de ti.

Cuando te anticipas negativamente y confías más en lo malo que en lo bueno, atraerás a tu vida aquello a lo que temes. El temor es el imán más fuerte que existe. Así que ten mucho cuidado de no dejarte llevar por tus temores aprendidos. Cada vez que los repites, les das fuerza. Debes saber que el miedo es un fantasma, una ilusión que en la mayoría de los casos no tiene sustancia ni razón de ser, pero al cual, con nuestra mente, le damos tanta fuerza que literalmente lo materializamos en nuestras vidas, atrayendo peligros, personas nocivas y situaciones complicadas.

El temor es lo opuesto a la fe. La fe consiste en esperar que algo bueno suceda; por el contrario, el temor supone esperar que suceda algo malo, y no nos damos cuenta de que el hecho de preocuparnos por las cosas abre la puerta a esa vibración negativa. La preocupación es el ingrediente más poderoso del temor porque lo alimenta. Preocuparse consiste en asimilar todas esas cosas tontas que imaginamos o hacemos antes de que las cosas reales sucedan.

Y el noventa por ciento de las veces nos preocupamos por cosas que nunca sucederán.

Cuando se trata de pedir, el miedo se apodera de nosotros y nos limita. Tenemos miedo al cambio, al rechazo, al ridículo, al fracaso. Miedo al *no*, y a no recibir lo que queremos o lo que necesitamos. Nos acostumbramos a vivir mal y dejamos de pedir, sin darnos cuenta de que, si nos atreviéramos a hacerlo, podríamos obtener una respuesta positiva.

—Bueno, Hadita, a nadie le gusta un no por respuesta, pues nos hacer sentir muy mal. Prefiero no arriesgarme. Yo ya aprendí que es mejor no pedir, así me las arreglo yo sola. Total, yo no necesito de nadie.

—¡Ay, querida! En ese tono encuentro un rasgo de orgullo, que es otro terrible error. Ya lo verás.

EL ORGULLO

También dejamos de Pedir debido a un ORGULLO mal entendido.

Un orgullo positivo nos provee una sensación de logro, de seguridad y de éxito por haber alcanzado nuestras metas o un objetivo importante en nuestra vida; nos hace sentirnos felices con nosotros mismos por haber superado los obstáculos y haber salido más fortalecidos de ese hecho; o bien, por hacer un gran esfuerzo que se ve coronado por un resultado exitoso.

Pero un orgullo mal entendido se presenta cuando nos sobrestimamos. Cuando nos sentimos superiores y desconectamos nuestra empatía en relación con los demás. O cuando dejamos de percibir nuestra fragilidad y nuestra necesidad de aprender de los otros dejando de ser humildes. Fingimos ser fuertes y agotamos toda nuestra energía personal creyendo que somos todopoderosos, y que no necesitamos a nadie. Pensamos que aparentar ser frágiles nos puede poner en desventaja. Esos son prejuicios adquiridos que se convierten en complejos que nos alejan de los demás y no nos permiten ver que en esta vida *todos necesitamos de todos,* en mayor o en menor medida. El intercambio de apoyo y de solidaridad nos fortalece y, sobre todo, nos genera confianza en LA VIDA.

Pedir no nos empobrece y no nos hace inferiores, ya que en la vida todo consiste en *dar* y *recibir*. Es un intercambio constante en el Universo que nos facilita la vida a todos. Dar y recibir es parte importante de la *ley de causa y efecto.*

Ahora que también existe el falso orgullo, ése que surge de la baja autoestima. Aparece cuando las experiencias negativas que hemos tenido en la vida las tomamos como si fueran una afrenta personal; como si hubiera una clase de complot universal en nuestra contra y nos dedicamos a construir muros que nos alejan de los demás. Entonces creamos un búnker que anula cualquier comunicación con el exterior, sin saber que los mismos ladrillos con los que construimos nuestro encierro podrían servirnos para construir puentes de comunicación con el mundo entero.

Al pedir debemos tener la CERTEZA de nuestro derecho a obtener lo que pedimos y de que siempre vale la pena intentar conseguir lo que queremos.

—Pero, ¿qué pasa cuando uno pide y la otra persona no entiende lo que le estás pidiendo?

—¿Y cómo sabes que no lo entiende? ¿Acaso se lo preguntaste? ¿O lo intuiste? Porque a la hora de Pedir es muy importante tener claridad y asegurarnos de que nuestro mensaje fue recibido correctamente...

La claridad

Cuando le pidamos algo a la vida o a cualquier persona, es muy importante que seamos claros. El Universo y nuestra mente no entienden dobles discursos, mensajes ambiguos o insinuaciones. Si vas a pedir tienes que hacerlo de manera clara, contundente, positiva y que sea para bien.

—¡Aaah! Ahora entiendo lo de las insinuaciones. Tengo tantas ganas de que el príncipe me traiga serenata que el otro día se lo insinué. Le dije: "Fíjate que el príncipe de mi amiga Rapunzel le trajo unos mariachis padrísimos. Qué hermoso, ¿no?". Y él me respondió: "Sí, qué hermoso. Qué bueno que a ti no te gusta llamar la atención y despertar a los vecinos". Y que me deja calladita calladita.

—Pues la próxima vez, querida, podrías decirle: "Para mi próximo cumpleaños quiero que me traigas mariachis". Quizá no será una sorpresa, pero será mejor que la sorpresa de no recibir nada.

—Y también acabo de entender que cuando pedí con toda intensidad al Universo un medio de transporte para no depender de la carroza real, lo obtuve porque me saqué en la rifa una patineta.

—Ahí tienes otro ejemplo clarísimo. Al Universo le declaras lo siguiente: "Yo tengo un hermoso automóvil rojo y nuevo para mi servicio, aquí y ahora, y en armonía con el plan divino".

—¡Pero si no lo tengo!

—Aún no lo tienes, pero al Universo hay que hablarle así, de manera contundente: "*Yo tengo* (en primera persona, en positivo, dándolo por hecho) *un automóvil nuevo* (marca, modelo y color; mientras más datos, mejor) *para mi servicio* (que sea para ti), *aquí y ahora* (momento presente; el tiempo es muy importante), *en armonía con el plan divino* (por si pedí poco y el Universo tiene algo mejor)". Y estoy hablando de algo material. Pero así debe ser con todo lo que pidas, ¿comprendes?

—¡Ah, ya entendí! Lo doy por hecho, proporciono todos los detalles, decreto que es para mí y que lo quiero ya, y se lo entrego a Dios. Mira tú, qué buena receta... ¿Y puedo pedir algo para mis hijos y mi esposo?

—¿Qué tal si empezamos por ti? ¿No crees que ya es tiempo de que primero pienses en ti?

—Está bien; pero, ¿puedo pedir lo que yo quiera?

—Los tres aspectos que una persona requiere para vivir en armonía son: SALUD, PROSPERIDAD y AMOR. Y cada individuo le pone una escala de valor a cada cosa. Para unos, pedir por su SALUD puede significar tener asistencia médica y las vacunas de sus hijos al día, pero para otros puede implicar unas vacaciones en la playa para descansar y recuperar energía. Para algunos, PROSPERIDAD significará tener mucho dinero guardado en el banco para cuando se necesite, y para otros, invertir en una buena reunión o en una salida familiar para construir recuerdos felices. El AMOR para alguien puede implicar comprar la compañía de las personas aunque no quieran estar ahí, o dejar al ser amado libre de elegir lo que desea. Así que, al cliente... lo que pida.

Con base en esos tres deseos la claridad depende de lo que uno requiere para su evolución personal. Pero es importante saber pedir lo que uno *cree que merece*.

—Yo siempre he pedido que no me falte un techo ni un pan para darles a mis hijos.

—¡¿Qué?! ¡Cómo pides sólo eso con semejante castillo y manjares como hay en tu mesa! ¡¿No te das cuenta de todo lo que te ofrece la vida?! ¡¿Ya se te olvidó quién te creó y de quién eres hija?! O es que, a pesar de tener todo, ¿sólo tomas lo que tu AUTOESTIMA te permite ver?

La autoestima

Y ahora vamos a hablar de este tema del que tanto te he venido comentando: la AUTOESTIMA. La autoestima es la cantidad de amor, respeto y estimación que sientes por ti mismo, y tu capacidad de cuidarte y luchar por ti a pesar de las situaciones adversas.

Esta AUTOESTIMA se ha visto afectada por la IGNORANCIA, las CREENCIAS NEGATIVAS, el TEMOR y el ORGULLO mal entendido, que no nos permiten pedir con CLARIDAD lo que necesitamos y, como consecuencia, ha disminuido el AMOR que deberíamos sentir por nosotros mismos. Nos consideramos poco dignos de tener cosas buenas y constantemente creemos que debemos hacer méritos para que algo bueno nos suceda. Ésa es la peor de las mentiras que nos hemos creído, pues nos sentimos alejados de la fuente que todo lo provee, y mientras nos mantengamos alejados de esa fuente, no gozaremos la abundancia que merecemos por el simple hecho de SER y EXISTIR. Y por el simple hecho de ser hijos del Padre más próspero que existe en el Universo, es decir, hijos de Dios.

Pero cuando no nos queremos, entonces nos conformamos con menos de lo que deseamos, menos de lo que merecemos, menos de lo mejor y menos de lo que es posible poseer.

La autoestima es un cofre lleno de riquezas que se encuentra en nuestro interior y al cual podemos recurrir en cualquier momento para obtener de ahí los recursos que hemos ido acumulando en el transcurso de nuestra vida y que pueden fortalecernos en las situaciones difíciles que enfrentemos día a día. Si sabemos que el cofre está ahí en el momento que lo necesitamos, podremos sentir una gran seguridad, pues nada nos faltará. Ese cofre se llena cotidianamente con nuestros logros, nuestros afectos, nuestras cualidades, nuestras habilidades, nuestros talentos y, sobre todo, con la fortaleza interior que adquirimos al superar los problemas.

Las dificultades ponen a prueba tu autoestima y la seguridad en ti mismo. Y justo en esos momentos de crisis puedes recurrir a aquel cofre para recordar todo lo que has construido. Ese cofre contiene un espejo que refleja nuestra cara y, sobre todo, el brillo de nuestros ojos. Por más triste que sea el reflejo, una vez revisado el cofre, nuestro rostro adquirirá un brillo especial al recordarnos lo maravillosos que somos.

No necesitarás justificarte ni ofrecer argumentos para tu defensa: tus hechos hablarán tan contundentemente que anularán a cualquiera que trate de cuestionar tu grandeza. Por eso es tan importante vivir la vida acumulando logros, afectos, bondad, amor y todos los tesoros que nos ofrece Dios para llenar nuestro cofre. Aun las vivencias más difíciles traerán una experiencia de la cual podemos aprender una lección, la cual se convertirá en un lingote de oro que debe guardarse en nuestro cofre.

Llena tu cofre, querida. Vive tus propias experiencias y pídele a la vida lo que desees. Es maravilloso ver por los demás, pero ya es hora de que veas y pidas para ti misma.

Tú vales mucho,
y por ser hija del Padre
más próspero que existe
mereces lo mejor de la vida:
"Pide y se te dará".

Pide
y
se te dará

—¿Sabes, Hada? Yo siempre le he preguntado a todos qué quieren: ¿qué quiere el príncipe?, ¿qué quiere el niño?, ¿qué quiere la nena? Y a pesar de satisfacer todas sus peticiones y resolver todos sus problemas, cuando yo he estado tan sola nadie se ha acercado a mí para preguntarme QUÉ QUIERO. Por eso se me hace difícil elegir. Si tú fueras yo, ¿qué pedirías?

—Princesa, esa pregunta sólo tú debes responderla. Si pretendes que alguien más la responda, tendrás que esperar sentada mucho tiempo. Todo ese tiempo que has perdido sin escucharte y sin expresar lo que necesitas no le ha enseñado a los demás que tú existes y que también mereces atención, amor y satisfacer tus necesidades. ¿Cómo puedes pedir a otros que hagan lo que tú no has hecho por ti misma? ¿Cómo pueden los otros adivinar lo que te pasa si jamás lo has expresado? Pero nunca es tarde para expresarte y este es un excelente momento para empezar a hacerlo. Sólo contesta: "¿QUÉ VA A QUERER LA PRINCESA? Pide y se te dará; busca y encontrarás, toca a la puerta y se te abrirá; porque quien pide recibirá, el que busca hallará y al que toca la puerta se le abrirá".

—La verdad no se me ocurre nada. No tengo idea de qué podría pedir. Dame una ayudadita: ¿qué puedo pedir?

—Hay una gran lista de cosas que puedes pedir. ¿De verdad no se te ocurre nada?

—No, no se me ocurre nada...

—Entonces te voy a ayudar. Podrías comenzar por pedir comprensión, un tiempo para ti solita o un abrazo; ayuda, atención, cuidado, caricias, respeto, amor y apoyo; intimidad, fidelidad, tu propio espacio; que la gente te escuche...

—Está bien, ya entendí...

—Podrías pedir un aventón, más postre, un lugar más cerca, una silla más cómoda; elegir la película que te gusta, un refrigerador nuevo, cambiar de opinión; que te calienten la sopa que está fría, escoger el restaurante que te gusta, que te ayuden a cargar las bolsas del mercado, que te orienten, una aspirina...

—Ya, ya, ya entendí... Pero, ¿por dónde empiezo? ¡Ahora quiero tantas cosas! Déjame ver... ¡YA SÉ!

Y el hada seguía hablando:

—...Un martini doble, un banana split, unas sábanas de seda, un esclavo que te eche aire...

—¡Ya entendí!

Quiero encontrar el amor verdadero

—**A**quella noche del baile en el castillo, mi mayor deseo era *encontrar al amor verdadero.* Y la verdad, Hadita, ese príncipe me deslumbró, con su seguridad, su porte, su estampa de hombre exitoso. Sin embargo, ahora que ha pasado el tiempo, dudo mucho que él sea mi amor verdadero. Mi ilusión duró lo que duró la luna de miel; después, mi príncipe se convirtió en un sapo fastidioso, aburrido y jetón. ¿Puedo pedir que la vida me brinde la oportunidad de conocer a mi amor verdadero?

—Lo que te pasó a ti, querida, le pasa a la mayoría de las mujeres. Sobre todo a las que crecieron en un entorno conservador, donde aprendieron que la mujer debe esperar hasta encontrar a un buen hombre que le ofrezca matrimonio y le otorgue un apellido noble; un hombre que cuente con el dinero suficiente para mantenerla, darle una buena vida y formar una familia. A cambio, a ella se le pide que esté con él en las buenas y en las malas, en la salud y en la enfermedad; que multiplique el pan, que dé a luz a sus hijos y los eduque con disciplina y valores. De ese modo vivirán juntos hasta que la muerte los separe. ¿Qué más podía pedir la mujer en la vida?

Y para eso, la sociedad instauró una campaña para presionar a todas las jóvenes casaderas, a partir de los 15 años, preguntándoles: "¿Ya tiene novio la niña?". Y si ya lo tenía, la siguiente pregunta era: "¿Y ya están pensando en casarse?". Si la respuesta era negativa, porque la niña quería estudiar y esperar, surgían comentarios de este tipo: "Te vas a quedar a vestir santos", "Se te va a ir la oportunidad", "Ya no te cueces al primer hervor", "Te van a cambiar por otra"... hasta lograr que muchas mujeres se unieran al primer hombre que les había hablado bonito, pensando que era el príncipe azul que tanto habían estado esperando.

Muchas mujeres, al salir de la escuela al mundo, creen que se hallan en una vitrina para ser elegidas, y que el primer hombre que las mira bonito adopta el título de candidato a "novio" y, en el caso extremo, a "esposo".

—Sí, Hadita. Y muchas como yo nos casamos muy jóvenes. Pero, ¿acaso existe una edad ideal para casarse?

—Ni tan joven que te creas todo, ni tan madura que no creas en nada. La inmadurez nos motiva a creer en todas las historias que nos cuentan; pero en la medida en que vamos creciendo, maduramos. Y algunos nos pasamos de maduros y hasta nos amargamos, pues dejamos de creer en el amor. Por eso hay que darnos tiempo para medir el terreno que vamos a pisar. Todo a su tiempo. Las presiones y las prisas no traen nada bueno, porque entonces perdemos la oportunidad de vivir experiencias muy importantes para tomar las decisiones más trascendentales de nuestra vida.

—¿Experiencias? ¿Te refieres a conocer muchos hombres?

—Tranquila, querida, tampoco te emociones tanto... Aquí hay cuatro cosas que debiste haber sabido en ese momento.

EL MUNDO ES MIXTO

Cuando hablo de la educación conservadora que recibimos, me refiero al afán de la sociedad de educarnos por separado. Los nenes con los nenes y las nenas con las nenas. Y a cada género se le dan instrucciones distintas: a los hombres se les concede el derecho de conocer y convivir con todo tipo de mujeres para probar y llegar al matrimonio con toda la experiencia del mundo. A las mujeres, por el contrario, se les "cuida" para que lleguen puras y castas

Las niñas malas son las que se divierten pero tienen mala fama, y las buenas son las que se aburren pero tendrán como premio una boda con galán.

al matrimonio, pero llegan muertas de miedo a ese punto sin saber qué hacer y sin poder pedir lo que necesitan para sentirse cómodas y plenas en esa relación.

En ese momento surge la imagen mixta de las niñas buenas y las niñas malas. Las malas son las que se divierten pero tienen mala fama, y las buenas son las que se aburren pero tendrán como premio una boda con galán.

Todas las mujeres tenemos el derecho de convivir con el sexo opuesto y tener amigos, y de disfrutar la oportunidad de conocer a más personas sin que ese hecho lleve implícito el tema de la sexualidad. Podemos platicar y aprender de ellos y ellos aprender de nosotras; salir a bailar, ir al cine, tomar una copa, hacer deporte, competir y, por qué no, hasta tener un encuentro íntimo... No con todos, no te emociones, pero sí con aquel con el que sintamos una conexión y, por supuesto, que nos cuide y nos respete.

—¡Ay, hada madrina, qué liberal me saliste, hasta hiciste que me ruborizara!

—Pero, ¿por qué?, si el sexo no es malo. ¡Mira nada más, te ruborizas por cosas que no son malas! Lo verdaderamente malo es ser promiscuo, desleal, infiel y traidor. Eso sí es malo y muchas personas no se ruborizan por ello. Sí, se puede tener amigos, y convivir, compartir y crecer junto con ellos.

Tú también puedes elegir

La sociedad conservadora nos educó en la creencia de que algún día llegaría el hombre que, al percatarse de nuestros encantos, nos elegiría para concedernos el honor de representar el papel de su suertuda esposa. Y eso fue lo que te sucedió a ti, querida. Fuiste elegida entre todas las damas casaderas. Tú no elegiste al príncipe: él te eligió a ti. Y tú, tan inocente, vives agradecida porque lo hizo. Sentiste una suerte de superioridad ante todas esas pobres mujeres que querían estar con él, y por encima de ellas te eligió a ti.

—Ay, Hada, ahora con gusto se los regalaría, completito.

—Hoy en día las cosas han cambiado un poco; sin embargo, antes una mujer tenía que esperar a que un hombre la sacara a bailar o la eligiera de la banca de las mujeres solteras para casarse con ella. Una mujer debía esperar y esperar...

—Qué tontas, ¿verdad?

—Era parte de la cultura y de la educación. Aun en la actualidad la sociedad juzga con más rigor a la mujer que se atreve a asumir esta iniciativa, mientras que al hombre le perdona todo. Cuando nos educan de esta forma nos privan de la oportunidad de conocer más opciones. Vivimos en un planeta cuya población está dividida de la siguiente manera: 52 por ciento de mujeres y 48 por ciento de hombres. Yo no sé de dónde sacamos la idea de que no hay hombres o de que tenemos que encontrar al nuestro a la primera oportunidad. Y, por el contrario, tampoco sé por qué algunas mujeres creen que no hay un solo hombre que valga la pena; ¡y lo aseguran como si ya hubieran conocido a todos!

—Resulta que con la educación retrógrada que nos dieron, a los hombres desde que son jóvenes se les invita a conocer a todas las mujeres posibles, hasta que encuentran a su pareja ideal. Seguramente eso mismo hizo el príncipe. Pero a nosotras nos piden que guardemos el "tesorito" hasta que llegue aquel que se lo merezca. Por eso, al primer hombre que nos habla bonito le entregamos ese tesoro que le hemos reservado, llenas de expectativas, deseos, planes y sueños que fuimos formando desde que éramos niñas. ¡Pobres hombres, no saben CUÁNTO esperamos de ellos! No saben cuántas expectativas tenemos cifradas en ellos, pues pretendemos que ese ser humano, común y corriente, cumpla con todo lo que inventamos en nuestra mente desde pequeñas. ¡Cómo vamos a saber que él es el que llenará esas expectativas si es el único novio que tuvimos! Claro que hay casos en los que el primer novio llena los requisitos que pide una mujer. Pero esos casos son muy raros.

—Por eso, querida, es muy importante el siguiente punto.

SE VALE TENER AMIGOS

A la mujer se le castiga socialmente cuando tiene amigos. Empieza el *sospechosismo* cuando la gente dice: "Qué casualidad, seguramente quiere acostarse contigo" o: "La amistad entre un hombre y una mujer no existe". Sin embargo, hay sociedades más abiertas en las cuales las mujeres se dan la oportunidad de tener no uno sino varios amigos. Con uno van al cine, al teatro, a un museo; con otro van a bailar y a tomar una copa; con otro más pueden entablar una plática deliciosa; y con uno más conviven y se ríen hasta que les duele el estómago de tanto reír. Y de ese modo, conociendo y teniendo muchos amigos, surgirá aquel con el que quiera compartir su vida en una relación de pareja.

Pero nosotras lo hacemos al revés: conocemos a un hombre y queremos que de él salga el amigo, el novio, el amante, el comprensivo, el chistoso, el papá y todas las personalidades que existan de un hombre para llenar nuestras grandes expectativas. Lo queremos tierno, detallista, caballeroso, deportista, viril, decidido, seductor y, por supuesto, muy pudiente.

Por eso es muy importante salir, conocer, comparar y esperar. Hoy los noviazgos son cada vez más cortos, pero también lo son los matrimonios. Parece que nos aventuramos en una competencia a contrarreloj y nos precipitamos en una relación que requiere tiempo para madurar. El noviazgo debería ser ese tiempo de espera durante el cual debemos aprender a conocer a fondo a la otra persona, aquella con la que probablemente compartiremos buena parte de nuestra vida y nuestra intimidad, y que quizá, en el futuro, se convierta en el padre de nuestros hijos.

Cuando una persona va a buscar trabajo, lo investigan a profundidad: qué estudios tiene, en qué escuelas se preparó, qué experiencia posee, cuáles son sus referencias familiares y comerciales; lo visitan en su casa, le hacen un estudio socioeconómico y hasta un examen médico. ¿No debería ser lo mínimo que uno debiera preguntar a aquel con el que va a compartir toda su vida...?

Y, bueno, eso de que "hasta que la muerte los separe" tendríamos que revisarlo y adaptarlo a la actualidad, ya que esta consigna se inventó cuando el promedio de vida de las personas era de cincuenta años. Ahora que es de ochenta, cada vez son menos las personas que quieren firmar una sentencia de esa amplitud. Aunque debo aceptar que las parejas que lo intentan y logran cumplirla nos dan la esperanza de que el amor verdadero sí existe.

Y ahora te voy a decir algo muy importante...

¡NO HAY TAL PRÍNCIPE!

Todo este asunto del príncipe azul que posee un castillo y las mejores tierras de la comarca, y que llegará cabalgando en su corcel blanco para librarte de la pobreza, es un cuento de hadas que nos ha llenado la cabeza de tonterías...

—Ay, Dios, entonces el que tengo aquí, en mi casa, ¿no es un príncipe de verdad?

¿Acaso hay
maridos
perfectos?

—**B**ueno, querida, sí. Tu príncipe es uno de esos pocos que quedan en la actualidad. Como el que le tocó a una princesa más actual y moderna que tú... Esta chica tan famosa y carismática... ¿Cómo se llamaba? ¡Ah, sí! Lady Diana. Y créeme que ese príncipe tampoco la hizo feliz. Ella vivía con una cara de tristeza, así como tú... comprenderás.

Pero yo me refiero a los príncipes estereotipados. ¿Has visto a los príncipes de los cuentos? Cuerpos atléticos, barba partida, estatura arriba del promedio, ropita de primera calidad sin la menor arruga, copete perfecto, cutis de trasero de bebé, corcel último modelo, herencia asegurada, y un nada modesto castillo para ofrecérselo a su suertuda futura esposa.

—¡Claro que los conozco! Yo tengo uno así en mi casa. Pero, la verdad, no me siento tan suertuda. Son príncipes de cuento que lo único que les preocupa es su imagen. Se la pasan todo el día cepillando al corcel y viven con la confianza de que algún día su papá les va a heredar todos sus bienes. Son como de plástico. Nunca me volvió a besar como lo hizo el día del baile.

—Y lo mismo le pasó a Blanca Nieves. ¡Cómo la deslumbró su príncipe! Qué extraño que ese gran señor, al cual sólo vio dos veces durante todo el cuento, no realizó un gran esfuerzo por ella. Cuando él llegó a buscarla, ya tenía la mesa puesta; es decir, cuando estaba ella ahí inconsciente, él sólo llegó, la besó... y se casaron.

Qué destino tan ilógico, ¿no?, después de haber vivido con siete hombrecitos que la adoraban y hubieran hecho cualquier cosa por ella. ¡Pero no tenían la mínima oportunidad de involucrarse sentimentalmente con Blanca Nieves porque eran bajitos, chistosos, inocentes, sin personalidad y

Blanca Nieves es un caso que nos demuestra que abundan los hombres buenos, pero que los cambiamos por hombres "irreales".

tenían nombres muy raros. Sin embargo, seguramente eran más cumplidores que el príncipe con el que se casó. Por supuesto, todos los enanitos representaban cualidades y defectos que el príncipe iba a manifestar en algún momento; pero ella no lo entendió así y por eso nunca consideró la posibilidad de que alguno llegara a ser un prospecto de novio.

El verdadero prospecto era ese príncipe encantador que lo único que hizo fue subirla a su caballo y llevársela al castillo. Él nunca trabajó todo el día por ella, ni le trajo flores cada mañana, ni le cedió su cama, sus trastes y su hogar. Ella pensaba que el príncipe era el "correcto" porque todo parecía indicar que era el correcto.

Blanca Nieves es un caso que nos demuestra que abundan los hombres buenos, pero que los cambiamos por hombres "irreales", inventados por nuestras propias expectativas, y que aparecen en nuestra vida sólo una vez, impactándonos con su presencia y haciéndonos sentir afortunadas aunque no hagan nada importante para ganar nuestro corazón. Por el contrario, muchos se comportan como si el mundo no los mereciera y exigen que hagamos méritos para ganarnos su corazón. Mientras tanto, ignoramos a los hombres buenos, capaces de hacer cualquier cosa para hacernos felices, aunque no cumplen con las cualidades estereotípicas que nos vende la publicidad del hombre ideal.

—¡Qué daño nos han hecho a las mujeres desde que éramos chiquitas con esos cuentos de hadas que nublan nuestra mente y nos convierten en seres subyugados! Dependemos de que nos elijan, de que nos den su apellido, de que nos hagan felices, de que nos mantengan... Y de ese modo vivir felices para siempre.

—Es muy injusto para las mujeres, pero también para los hombres, ya que ellos crecen con la consigna de que es su obligación convertirse en los proveedores de unas pobres mujeres que esperan ser salvadas por sus nobles sentimientos. Los hombres también son forzados desde pequeños para cumplir cabalmente su destino. Son separados de su madre, que es su imagen femenina, porque deben convertirse en hombrecitos, obligados a demostrar su valentía y su fuerza para ser, algún día, *fuertes* y *formales*.

Los hombres saben que al llegar a la madurez deben *ser* personas importantes, *hacer* algo valioso y *tener* lo suficiente para sobresalir. Sólo así serán *exitosos*. Por eso se sienten tan orgullosos al tener un título, un buen empleo y el dinero suficiente para ofrecer una buena vida a su familia. No cumplir con estos estándares representaría "fallarle" al sistema y, por supuesto, fallarse a sí mismos.

Tu príncipe en particular, querida, la lleva de gane, porque desde que nació *es* el príncipe, no *hace* nada valioso y aun así ya *tiene* lo suficiente para sobresalir. Pero los más patéticos son aquellos que, sean príncipes o sean plebeyos, ni son, ni hacen, ni tienen nada. Y aun así los convertimos en nuestros príncipes, con lo cual, a final de cuentas, somos nosotras las que nos volvemos patéticas.

—Ay, ¿por qué lo dices tan feo?

—¿No te parece patética una mujer que va por la vida aparentando ser feliz, viviendo en una nube con la certeza de que "todo está bien", de que tiene una familia perfecta, la casa ideal y el marido que todas quisieran tener; cuando su cara refleja una tristeza que la delata antes de que intente justificar su desgracia?

Y, sí, puedo ser un poco dura, porque muchas de esas mujeres, en verdad, no se han dado cuenta de que viven en el cuento de Hadas que se inventan, hasta que la realidad las confronta poniéndoles una prueba difícil, como una separación, una infidelidad o una fuerte depresión. O las tres cosas juntas, que es peor.

Imagina a dos personas viviendo infelizmente casadas o, lo que es lo mismo, con un matrimonio tranquilamente infeliz: ninguno de los dos se lo merece.

—¿Sabes, Hada? Yo, al principio, me sentía muy orgullosa de mi príncipe. Es cierto que nos enamoramos de una imagen y las mujeres la vamos haciendo más grande y más irreal. Pero con el tiempo he aprendido a conocerlo y a ser realista. Mi príncipe tiene muchos defectos y no me tomé el tiempo suficiente para detectarlos hasta que tuve que convivir con él como su esposa. Él ha tenido que mantener esa imagen de fortaleza que todos esperamos

Mi príncipe tiene muchos defectos y no me tomé el tiempo suficiente para detectarlos hasta que tuve que convivir con él como su esposa.

que tenga un hombre. Y creo que eso ha sido muy agotador para él. Lo he visto llorar en silencio; vi la emoción que sintió cuando nacieron nuestros hijos y cómo se contuvo para no demostrar su fragilidad; descubrí su preocupación cuando estuvimos a punto de perder el castillo por no tener la habilidad de administrar las riquezas que le heredó su padre. Y con tristeza he corroborado que esas emociones las ha convertido en miedo y agresividad, las cuales, a su vez, lo han hecho un ser sarcástico y narcisista que cree que sólo él tiene la razón y que únicamente encuentra consuelo en la cava real. Mi príncipe no es perfecto. Eso sólo existe en los cuentos de hadas.

—Y, a pesar de todo... ¿lo amas?

Almas gemelas, almas complementarias, o karma absoluto

Ay, Hada! Qué preguntas haces... Este, bueno, sí, claro que lo amo. Es mi esposo, ¿no? Claro que lo amo... Me mantiene, ¿no?... Por supuesto que lo amo... Me dio estos hijos maravillosos, ¿no?... Este, sí, lo amo. Me eligió a mí, ¿qué no?

—Hasta el momento no me has dado una buena razón que confirme que LO AMAS.

—La verdad es que yo misma no lo sé. Tenemos tantos años juntos, que ya siento que no podría vivir si él no está conmigo... aunque no me haga completamente feliz.

—Bueno, yo no conozco a nadie que sea "completamente feliz". En la vida siempre existirá algo negativo. Y eso que describes no es amor, querida. Eso se llama *dependencia*, que se puede convertir en algo terrible, es decir, en *codependencia*, lo cual significa depender de que el otro dependa de ti. Es un juego perverso que mantiene atados a dos seres en una infelicidad total. El amor es otra cosa.

La de pareja es una de las relaciones más difíciles, complicadas y de más alto nivel de evolución en la vida de los seres humanos, porque se involucran emociones, sensaciones y pasiones que no son fáciles de entender y, mucho menos, de manejar. Tenemos la idea errónea de que somos mitades en búsqueda de su otra mitad. A esto algunos le llaman buscar a su media naranja.

Nuestras historias personales —es decir, todo lo que aprendemos desde niños con respecto al amor— nos ofrecen una idea de lo que son las relaciones humanas. Debido a diversas vivencias mal encauzadas con nuestros padres y a muchas otras creencias erróneas, los seres humanos crecemos con grandes huecos emocionales, carencias que necesitan ser cubiertas. Entonces suponemos que es responsabilidad de otros llenar esas lagunas de nuestra vida. Por eso soñamos con encontrar a nuestra alma gemela que colmará esos huecos, a nuestra media naranja que deberá adivinar, sin que se lo pidamos, todo lo que necesitamos para ser felices y tendrá que dedicar su vida a complacernos.

Entonces, cuando detecto que alguien tiene posibilidades de completarme, me uno a él para sentirme una naranja completa. Y eso es hermoso, pero también es una falsedad. Porque resulta que si me equivoco en la percep-

*El amor verdadero comienza
por uno mismo. Surge del
conocimiento y el valor
que nos concedemos
como seres únicos e irrepetibles.*

ción del otro y la relación se termina, entonces regreso a mi calidad de "mitad", pero ahora con más huecos, por todo lo que entregué de mí a aquella persona.

El amor verdadero comienza por uno mismo. Surge del conocimiento y el valor que nos concedemos como seres únicos e irrepetibles; cuando honramos nuestra individualidad y cuando desarrollamos nuestros talentos y nuestras habilidades. Cuando nos vemos en el espejo y reconocemos al ser maravilloso que nos mira y cuando vamos por la vida sintiéndonos orgullosos de nosotros mismos. Y esto no es egocentrismo, porque así como nos valoramos también sabemos reconocer la grandeza y la valía de los que nos rodean. Lo cual también es parte del amor verdadero. Somos lo más grande que existe en el Universo, pero no somos mejores que los demás; porque todos nos hallamos en distintos niveles y en diversos procesos de crecimiento. Cuando reconocemos el valor de los demás, honramos nuestro propio valor. A esto se le llama *amor incondicional*: amor más allá del ego.

Ojalá que todos los seres humanos, al nacer y crecer, tuvieran la oportunidad de ser amados, reconocidos, aceptados y motivados para fortalecer su amor propio y la seguridad en sí mismos. Ojalá que todos los seres humanos crecieran con la certeza de que son un milagro maravilloso, que poseen todas las habilidades y todos los talentos que se requieren para ser exitosos y felices. Eso los haría convertirse en un alma en busca de otra alma, no para cubrir sus respectivos huecos, sino para complementarse, compartirse con una armonía emocional y espiritual que les permita evolucionar como seres individuales.

No niego que puedan existir las *almas gemelas;* pero no todos tienen la oportunidad de encontrarla en una vida. Hay quienes se toman toda una serie de vidas para reencontrarse. Lo que sí te puedo asegurar es que siempre tendremos la oportunidad de encontrar *almas complementarias*.

—Ay, Hadita, pues yo, en el momento en que vi a mi príncipe por primera vez, sentí una energía que me conectó a él, por lo cual supe que estábamos destinados el uno para el otro. Lo que no supe en ese momento fue para qué estábamos destinados. ¿Para padecernos mutuamente?

—Las almas complementarias son seres que traen consigo un aprendizaje o un regalo. O ambas cosas a la vez. Algunos aparecen en el momento que lo requieres, en la forma de un ángel. Ese querubín trae consigo la lección y el regalo. Aunque muchos ángeles, una vez que han cumplido su misión, vuelan a otros lugares para seguir repartiendo sus dones en otros lares. Sin embargo, muchas personas deciden "quedarse" con su ángel y lo atan: lo seducen, lo adoptan, lo controlan y, muchas veces, le cortan las alas... Y terminan conservando a su lado a un ser infeliz que tampoco las hace felices.

En otras ocasiones esas almas complementarias tienen una misión especial y se quedan contigo más tiempo. Lo hacen porque existe algún asunto pendiente de resolver en esta vida. Es algo así como una prueba que necesitan aprobar para acceder a otro nivel de evolución. O porque ese ser y tú hicieron un pacto en algún momento para aprender el uno del otro.

Cuando estas parejas se encuentran perciben una señal extraña. Es como una descarga de energía provocada por el reencuentro que se ha llevado a cabo. Es increíble el

En esta vida NADA ES CASUAL.
Todo tiene una razón de ser.
Y pocas, muy pocas personas,
encuentran a su alma gemela.

parecido que tienen físicamente, en su forma de ser o en algún talento o cualidad implícito en ambos. O bien, esa pareja es un espejo que refleja muchas de las pruebas que tienes que superar, ya que esa persona contiene en sí misma lo que más amas y lo que más odias. Recuerda que en esta vida NADA ES CASUAL. Todo tiene una razón de ser. Y pocas, muy pocas personas, encuentran a su alma gemela.

Una vieja leyenda asegura que algunos seres de luz decidieron evolucionar a ámbitos superiores de la escala espiritual y decidieron dividir su unidad individual en dos partes: su aspecto *ying* y su aspecto *yang*. En esa separación determinaron iniciar un proceso en la Rueda del Karma, por lo cual vivieron como seres separados que tenían la oportunidad de reencontrarse durante toda una serie de vidas para adquirir más conocimiento y, en un momento dado, reconocerse el uno en el otro para reunirse de nuevo. Por eso hay seres que, cuando se conocen, sienten una identificación inmediata. Es como si entraran en otro nivel de conciencia para reconocer algo de sí mismos en el otro.

Lo anterior no significa necesariamente que su relación será miel sobre hojuelas. La barrera del ego nos impide ver con claridad y muchas veces la otra persona te puede mostrar tanto lo peor como lo mejor de ti mismo. Si puedes pasar esa prueba con amor, tolerancia y comprensión, estarás muy cerca de la *unidad*.

—Ay, Hadita, ahora sí me dejaste con la boca abierta. ¡Es cierto! El príncipe tiene lo que más AMO y lo que más ODIO. Las dos cosas al mismo tiempo. Y me queda claro que tenemos algún asunto pendiente que debemos saldar y que por eso nos encontramos en esta vida. Aunque no creo que él sea mi alma gemela. Yo siento un vacío que él no complementa. El único momento mágico que ocurrió entre nosotros fue cuando nos conocimos. La magia se esfumó cuando volvimos al castillo acabada la real luna de miel. En ese momento él me hizo saber que éramos marido y mujer, y que nuestra relación tenía más compromisos y responsabilidades que ilusión y alegría. Los besos se espaciaron y nuestros encuentros sexuales también. Me da vergüenza confesarlo, pero era yo quien lo buscaba. Y muchas noches me quedé sin respuesta, llorando en el lecho real, lastimada y humillada por su rechazo. Si pudiera pedir... Me da muchísima pena decirlo, pero me encantaría saber qué es una verdadera noche de placer. Me gustaría sentir un orgasmo.

—¿Qué? ¿No sabes qué es un orgasmo? ¿Tienes tres hijos y nunca has sentido un orgasmo? Pero, cómo es posible, querida. Si el placer es un derecho de todo ser humano. Por eso Dios nos concedió los sentidos... para "sentir".

El placer, un derecho absoluto

—Pues sí, con mucha pena te digo que no sé qué es un orgasmo. Pero tampoco estoy de acuerdo contigo en eso de que debo sentir. Los placeres no son buenos. Nos convierten en seres viciosos. En todo caso, los hombres tienen más derechos en ese aspecto, ya que una mujer que se precie de ser una dama, no debe andar incitando al placer.

—¡Ay, Cenicienta! Cómo no vine a verte hace diez años. Qué capacidad tienes de acumular tonterías en tu cabeza. Pero lo entiendo, querida. No fue tu culpa sino de la pésima educación que recibiste.

EL PLACER Y LA SEXUALIDAD

Tu cuerpo es un precioso instrumento que puede disfrutar placeres infinitos. Es como una caja de resonancia que, ante un estímulo, puede responder con una inmensa gama de vibraciones y sensaciones. Tú las puedes sentir y también hacerlas sentir a otra persona. Pero ese instrumento tenemos que afinarlo y tratarlo con mucho respeto y suma suavidad.

A través de tus cinco sentidos puedes experimentar cualquier clase de placer. Digamos que son las puertas a través de las cuales aprendemos sobre dicho placer. Por medio del alimento, de los aromas, de los paisajes, de los sonidos, de las caricias, etcétera.

Quién no ha sucumbido al placer de un delicioso chocolate derritiéndose en la boca; o al olor de un bebé que nos causa ternura; o al aroma del ser que amamos y que enciende nuestras pasiones; o a la vista de un hermoso amanecer o del horizonte que se pierde en el mar; o al escuchar las notas de un saxofón o, por supuesto, a las caricias de la persona que nos ama.

—¡Ay, Hadita! No sigas, por favor, porque ya me estoy emocionando.

—¡Qué bueno! ¡De eso se trata! De que te emociones, de que sientas, de que vibres; para acabar pronto, ¡DE QUE VIVAS!

Más allá de todo lo anterior, cuentas con un sexto senti-do maravilloso que te permite percibir frecuencias que no pueden captar tus sentidos más primitivos, por medio del cual puedes experimentar la presencia de energías sutiles que te envuelven cuando te abres a ellas y aceptas que no hay nada de malo en *sentir*. Por si fuera poco, posees una imaginación mágica que es el afrodisiaco más efectivo de tu ser del que surge tu creatividad para disfrutar al máxi-mo el placer.

Por supuesto, en esto también existen extremos, que nunca son buenos. Vivir todo el tiempo deseando sentir placer en cualquiera de sus expresiones nos convierte en esclavos y adictos de la fuente que nos lo otorga. Y toda adicción crea codependencia y reduce nuestra libertad. Como en todo, aquí también es importante el equilibrio.

—Así que sentir placer no es malo. Pero ¿qué pasa cuando... cuando...?

—¿Cuando qué, querida?

—Me da pena preguntarlo... Pero está bien: ¿qué pasa cuando tu pareja no te hace sentir ese placer y te deja en-candilada, pues en dos minutos él termina su asunto, y en-tonces una tiene que darse cubetadas de agua fría y baños de asiento... No es justo, Hadita. Una que se pone su ropita más sexy, que duerme temprano a los niños, que pone ve-litas. Bueno... No creas que estoy hablando de mí. Eso le pasó a la prima de una amiga, ¿eh?

En un encuentro amoroso, el nivel de estrés en cualquiera de los dos afecta su relación.

—Sí, sí, lo entiendo. Escucha, querida, por ningún motivo te avergüences de tus deseos. No sientas que tú eres la que está equivocada. Otro problema que surge de la forma en que fuimos educados o, más bien, maleducados, consiste en que los hombres no fueron adiestrados para cuidar y tratar bien a su pareja. No te imaginas la cantidad de hombres que tienen problemas con su sexualidad, eyaculación precoz y disfunción eréctil, por ejemplo, que los hacen sentirse impotentes. Y si a ti te provoca vergüenza el tema, imagínate lo que le ocurrirá a un hombre a quien se le ha hecho creer que su virilidad y el tamaño de su pene lo hacen superior a otros hombres.

En un encuentro amoroso, el nivel de estrés en cualquiera de los dos afecta su relación. Las mujeres, al pensar que sus cuerpos no están a la altura, se tapan la pancita, apagan la luz o cierran los ojos y le piden a Dios que el "asunto" acabe rápido. Y los hombres sólo le ruegan a Dios que el "asunto" se mantenga firme el tiempo suficiente para no realizar un mal papel ante su pareja.

Una sexualidad mal planteada, revestida con la imagen de un pecado, puede ocasionarnos problemas mentales y emocionales muy graves. Más bien deberíamos entenderla como un regalo que nos permite entrar en contacto con energías extraordinarias.

Y hablando del tema de tu "amiga", es un caso muy común en las relaciones sexuales, sobre todo en los matrimonios. El sexo marital se convierte en un sexo silencioso, juicioso y aburrido; es un "sexo domesticado".[1] A la misma hora, en el mismo lugar y en la misma posición. Pero, sobre todo, es un sexo sin cuestionamientos, sin comunicación, un tema del cual no se habla dentro ni fuera de la recámara. Sin embargo, es de vital importancia hablarlo, expresarlo; romper los silencios, tanto en el éxtasis como en la inconformidad. Expresar las frustraciones no para lastimar o herir a tu compañero, sino más bien para encontrar una solución en favor de la relación y de la pareja.

—Qué fácil suena cuando lo dices así, pero la verdad es que es muy difícil decirle a tu hombre que no estás satisfecha. Para que se sienta excitado es importante gritarle que es lo máximo, que no hay otro como él y, si es necesario, fingir un orgasmo. Además, al principio intenté platicar con él acerca de mi insatisfacción pero se ponía serio o,

---

1   *Inteligencia erótica. Claves para mantener la pasión en la pareja*, de Esther Perel, publicado por Diana, 2007.

simplemente, me dejaba hablando sola. Ahora ni siquiera me atrevo a abordar el tema.

—Ya veo que no ha sido fácil, pues ni siquiera puedes hablarlo conmigo sin tapujos. Por supuesto, con él ni lo mencionas. Nadie dijo que sea fácil, pero es un tema de salud física, mental y emocional que debe afrontarse con urgencia. Por no hacerlo así, las mujeres andan como locas, histéricas, nerviosas... y amargadas...

—Ya párale, ya párale...

—O deprimidas...

—Ok, entonces síguele, síguele...

—Además de su función reproductiva, la sexualidad existe para fortalecer el vínculo afectivo entre dos seres humanos. Una pareja puede crecer y construir una mejor relación cuando encuentra un equilibrio energético. Y cada encuentro sexual, consensuado y amoroso, genera hormonas que nos vinculan a esa otra persona, desarrollando un compromiso más elevado con ella. Durante el acto sexual se funden los cuerpos de una manera total. Durante este acto, uno le abre el alma a su pareja y le da acceso a la parte más elevada de sí mismo. Ese noble hecho te obliga a que cuides al otro, a que veles por su bienestar y a que pienses dos veces antes de lastimarlo o de causarle una pena.

Cuando existe un problema con la sexualidad es importante abordarlo en un marco de respeto, comprensión y acompañamiento. Hoy en día hay muchas formas de re-

> *La parte más valiosa*
> *del acto sexual no es el orgasmo,*
> *sino ese espacio después del clímax en*
> *el que en un abrazo*
> *se funden dos almas.*

solver estos asuntos y aprender que la sexualidad no sólo tiene que ver con el coito, sino también, y fundamental-mente, con las palabras, las miradas, las caricias y hasta con los silencios.

Una relación sexual no empieza y acaba en cinco minutos. Empieza desde la insinuación, los detalles, los mensajitos subliminales, en la preparación del terreno para la consumación del acto. Y todo eso es un arte que podemos aprender con rapidez. Además, la parte más valiosa del acto sexual no es el orgasmo, como afirma la mayoría, sino ese espacio después del clímax en el que en un abrazo se funden dos almas y se convierten en la *unidad*.

—Mira nada más qué conocedora me saliste. Pero aunque me digas misa, a mí me da muchísima pena decirle a mi príncipe que su problema de eyaculación precoz me tiene muy mal. Ese tema no se toca.

—Pero qué cosas dices, Cenicienta: "Ese tema no se

toca". Y llevas 15 años sin abordarlo, desperdiciando la oportunidad de procurarte una relación plena y satisfactoria; además de llenarte la cabeza con ridículas historias románticas y, peor aún, fantaseando con ponerle el cuerno a tu príncipe con cualquier otro hombre...

—Ay, Hadita, qué chismosa eres. Si aquel cartero joven, guapo y fortachón, no me saca ni el más mínimo suspiro. ¿Y quién te dice a ti si el príncipe no me ha puesto el cuerno a mí?

—Bueno, me imagino que si el sexo marital en tu relación es así como lo platicas, y si en tu casa hay tantas restricciones, cualquiera de los dos puede caer en la tentación de salir con alguien más. Imagínate, ir a un hotel con todo el tiempo del mundo, sin nadie que pueda escuchar la intensidad del momento, dándose espacio para interactuar y probar una enorme variedad de sensaciones. Claro que uno puede ir con cualquiera, pero lo mejor, lo ideal, es que en esos encuentros los participantes sean tú y tu príncipe. Las escapaditas no valen sólo para las relaciones clandestinas. Son para los amantes, es decir, para *los que se aman*. Sin niños, sin suegras y sin distractores.

Desafortunadamente, durante muchos siglos la sexualidad ha sido considerada como el medio para reproducir la especie; lo cual es cierto y no lo podemos negar. No obstante, a través del tiempo y con los descubrimientos y las nuevas tecnologías, además de los problemas de sobrepoblación, el tema de la reproducción es controversial.

Una buena relación sexual sirve para fortalecer nuestra relación, para crear vínculos de amor y complicidad, para generar endorfinas que favorecen la salud y la plenitud que se verán reflejadas en nuestra vida.

Lo más importante de este asunto es entender que la sexualidad y el placer van de la mano. Que son dos cosas indisolubles. Que están ahí y que cada vez con más celeridad los tabúes y las ideas torcidas se están quedando atrás para que cada quien se responsabilice de su propia sexualidad.

Es muy importante que recuerdes lo siguiente:

1. El placer es natural.
2. El placer es mi derecho pero también mi responsabilidad.
3. Mi cuerpo es un instrumento finísimo que debo cuidar.
4. Me responsabilizo de mi cuerpo.
5. Me hago cargo de mis emociones.
6. Es mi elección compartir mi sexualidad.
7. Es mi derecho no compartir mi sexualidad.
8. Al practicar mi sexualidad no soy una pecadora.

Y regresando a los problemas sexuales, es muy importante abordarlos, expresar lo que uno espera del otro y, en un momento dado, si la situación lo requiere, acercarse ambos a un especialista para resolverlos. En lugar de seguir especulando: "¿Ya dejó de amarme?", "¿Ya no le gusto?", "¿Tendrá un amante?". No supongan y mejor platíquenlo.

—Te juro que lo he intentado. He querido hablar con él de todas las formas y maneras pero él se cierra y hasta me ha hecho sentir que yo soy la rara, la defectuosa; en pocas palabras... que estoy loca. Me puse a hacer una encuesta entre mis amigas y al parecer su vida sexual es más activa que la mía. ¿Es normal que sólo tengamos un encuentro al mes? O de verdad estoy loca...

—¡Loca te vas a volver si sigues reprimiéndote las ganas! Tienes todo el derecho de pedir placer y satisfacción. Tienes todo el derecho de expresarte y de no quedarte callada. Debes decir lo que necesitas y escuchar las necesidades de tu pareja, de una forma clara, amorosa y precisa. Por eso son pareja, para escucharse, satisfacerse y amarse en una relación superior que proscriba los malos entendidos y madure con el paso de los años.

—¿Y si aun con abordar el problema lo nuestro ya no funciona?

—Entonces, ¿qué vas a hacer ahí? El sexo es un factor muy importante en una relación de pareja. Por supuesto, hay otros aspectos importantísimos, y existen parejas a las que no les afecta el tema al grado de que no mantienen relaciones sexuales.

Pero, en tu caso, por tu temperamento, el asunto va más allá del sexo. El mensaje no verbal que tu pareja te envía cada vez que te rechaza significa: "No me interesas", "No me gustas", "No te quiero". Y esos mensajes destruyen la autoestima de cualquier persona.

—Para ser sincera, Hada, esos mensajes que mencionas no sólo han sido no verbales, sino también explícitos.

—¿Cómo? ¿Entonces hay violencia en tu relación, querida?

—Bueno, no exageres. No es que el príncipe me haya golpeado... Sólo una vez que estaba muy enojado me amenazó con el puño, pero en el último instante se arrepintió y lo estrelló contra la pared. Pobrecito, tuvieron que enyesarle la mano. El pobre estaba pasando por una racha muy difícil.

—¿El pobre? Ay, Cenicienta... Escucha bien lo que te voy a decir. "No hay peor ciego que el que no quiere ver". Te la pasas justificando los arranques de neurosis de tu marido y tratas de dar una excusa para todo lo que hace y que te afecta. Tu relación está llena de violencia y no es necesario llegar hasta los golpes para aceptar que es así. Lo más importante en una relación es el RESPETO.

El respeto antes que nada

—¿Sabes cómo cocinar una rana?

—¿Perdón? ¿No estábamos hablando de respeto y esas cosas? ¿Ahora me sales con clases de cocina?

—Concéntrate, querida: ¿sabes cómo se cocina una rana?

—Ay, Hadita, ahora sí ya te perdimos... Déjame ver. Bueno, me imagino que tomas una olla, le pones agua, y una vez que está hirviendo, ¡le echas la rana!

—Si alguien lo hiciera así, la rana saltaría como loca lo más lejos posible de la olla al sentir el agua caliente. El dolor la haría reaccionar. Pero si colocas la olla con agua tibia y pones a la rana adentro, ésta se sentiría feliz y relajada en el agua. Se pondría a nadar quitada de la pena, sintiéndose muy a gusto. Cuando la rana haya tomado confianza, entonces podrías aumentar la temperatura para que el agua se vaya calentando progresivamente. Así la rana, más relajadita, se quedaría dormida y, sin darse cuenta... ¡Tarán!, ¡tendríamos una deliciosa rana cocinada!

—Y todo eso, ¿qué tiene que ver con la violencia y el respeto? Bueno, a la pobre ranita nadie la respetó y fueron violentos con ella de algún modo, ¿no?

—Exactamente, querida. Para llegar a un extremo como al que llegó la rana, hubo que irse acostumbrando poco a poco a una situación que no iba a tener salida. La rana se fue adaptando al calor y dejó de sentir el daño hasta que perdió la batalla. Cuando alguien capta nuestra atención y logra obtener nuestra confianza, terminamos poniendo nuestra vida en sus manos. Es como si le otorgáramos poder sobre nuestra persona.

Hay quienes poco a poco se van acostumbrando a un ambiente violento. Incrementar paulatinamente la temperatura del agua es lo mismo que elevar gradualmente el tono de las agresiones hasta el grado de que podemos pensar que esa situación es normal. Al principio nos duele, pero pareciera que ese dolor se vuelve parte de nosotros y dejamos de cuestionarlo.

Hay personas que no llegan a darse cuenta de la violencia que viven hasta que terminan en un hospital... o muertas. Y hay otras cuyas heridas no son físicas, porque los golpes no los recibe el cuerpo, sino el alma. Y sólo se dan cuenta de que han sido sumamente maltratadas cuando tocan fondo y son presas de una depresión profunda, después de lo cual dejan de sentir amor por sí mismas.

La violencia comienza de una manera muy sutil, como ir aumentando la temperatura al agua tibia, y puede llegar a hervir sin control si no nos detenemos.

—Bueno, Hada, no hay que exagerar. El príncipe es muy bromista y a veces me dice cosas que no me gustan, pero estoy segura de que no las dice en serio.

—A ver, dame un ejemplo.

—El otro día me dijo: "Mira cómo estás 'embarneciendo'. Cada día te pareces más a Barney". Ja, ja, ja, ¿no es chistoso?

—Contéstame tú, querida. ¿Es chistoso?

—Bueno, pues todos los que escucharon la broma se rieron. Así que sí fue chistoso.

—¡Ah! Además lo hizo enfrente de todos. Y tú, ¿cómo te sentiste? Y no me vayas a decir: "No pasa nada". ¿Cómo te sentiste, querida?

—HUMILLADA... Y sí, le reclamé, pero entonces él se enojó y me dejó de hablar. Lo hace constantemente. Una vez me retiró la palabra durante tres semanas... Terminé pidiéndole perdón sin haber hecho nada. Y, por supuesto, entonces también me sentí HUMILLADA.

—Nadie tiene derecho a lastimarte, ni mucho menos a criticar tu individualidad. Todo comentario personal hecho en la intimidad y con amor es bienvenido; sin embargo, cualquier crítica hecha en público o en privado que lleve implícita una burla o el afán de humillar representa un tipo de violencia.

Frases como las siguientes: "Estás muy gorda", "Eres una tonta", "Para qué te arreglas si ya no tienes remedio", "Calladita te ves más bonita", entre otras, representan un insulto a tu individualidad. Lo peor es que las has dejado pasar como el agua tibia, las toleras y ya te acostumbraste a ellas hasta el grado de que piensas que son chistosas.

El dolor es útil porque nos enseña que una situación no es buena para nosotros y la respuesta lógica a ese estímulo será alejarnos.

Y el asunto acerca de que deja de hablarte es otro tipo de violencia. Ignorarte, hacer como que no existes, es un acto de soberbia y de machismo que puede lastimar tanto como un golpe. Permitiendo esa situación has hecho que tus hijos piensen que es normal y por eso ellos tampoco te respetan.

—¿Y cómo puedo detectar el nivel de violencia? ¿Qué puedo hacer si ya ha pasado tanto tiempo?

—Voy a regresar al ejemplo de la rana. Si la lanzas al agua hirviendo, la rana sentirá dolor y saldrá y se alejará rápidamente. El dolor es útil porque nos enseña que una situación no es buena para nosotros y la respuesta lógica a ese estímulo será alejarnos. Pero cuando nos acostumbramos a él, ya no huimos. Nos quedamos ahí, mientras el dolor se convierte en crónico y la herida se vuelve una capa callosa que nos aísla de los sentimientos. A eso se le llama resignación.

Pero siempre es posible salir de esa circunstancia. Cuando abres tu conciencia y te das cuenta de que ese estado no es normal, que es indigno, y que no te lo mereces, entonces empiezas a poner límites claros y a hacer cambios drásticos en tu vida. Pero tienes que empezar por respetarte a ti misma para poder exigir respeto a los demás.

—Entonces, ¿cuándo puedo identificar que se trata de algún tipo de violencia?

—¡Pues cuando te duele, querida! Cuando sientes lastimada el alma, cuando tus sentimientos están heridos, cuando notas que las venas te arden, cuando sientes un peso en los hombros, una horrible sensación de vacío y un terrible dolor en el estómago. No sé, cada quien tiene una forma distinta de sentir la impotencia.

Si te duele… ¡ALÉJATE DE AHÍ! Pueden ser palabras, gestos, acciones o silencios los que generen ese dolor.

La violencia puede comenzar con un grado imperceptible e ir escalando hasta casos terribles que pueden incluir la muerte. Empieza desde bromas hirientes y eventualmente termina en un asesinato. Y esto no es broma, te lo juro. Actualmente la violencia empieza en el noviazgo, así que tú que tienes hijos debes explicarles cómo pueden evitar que este tipo de fenómenos sigan escalando.

La violencia puede ser medida, y puede ir creciendo de menos a más. Empieza con chantajes y engaños; ignorando o dejándole de hablar al otro, manifestando celos; culpando a la pareja de lo que no funciona en la relación, descalificándola, ridiculizándola, humillándola en público, amenazándola; controlándola o prohibiéndole, por ejemplo, que vea a sus amistades o a su familia; negándole el apoyo económico que está obligado a darle, negándole que visite ciertos lugares, juzgando su vestimenta, criticando su apariencia, controlando sus actividades, hurgando en su correo electrónico y en su celular, destruyendo sus cosas personales; manoseándola, haciéndole caricias agresivas, golpeándole "jugando"; pellizcarla o arañarla, empujarla o jalonearla; abofetearla o patearla; encerrarla o aislarla, amenazarla con objetos o armas; forzarla en una relación sexual; abusarla sexualmente, violarla, mutilarla, y llegar al extremo de asesinarla.[2]

—Qué fuerte es todo eso, Hadita. Eso que me dices es terrible. Lo bueno es que yo sólo he llegado hasta la etapa del control.

—¿Lo bueno...? Estás como la rana, en tu zona de confort, sin darte cuenta de que ya has permitido suficientes vejaciones. Lo primero que debes pedir de tu pareja es respeto, ante todo. Por favor, querida, respétate.

Mucha gente afirma que el respeto se gana; sin embargo, yo pienso que ocurre al contrario: el respeto se pierde. De entrada, todos tenemos derecho a ser respetados, pero existen actitudes y acciones que alejan a los demás de nosotros; unas de dichas actitudes pueden generar miedo, y otras, lástima; lo cual propicia que la gente te pierda el

---

2   Violentómetro creado por el Programa Institucional de Gestión con Perspectiva de Género del Instituto Politécnico Nacional, Ciudad de México.

respeto. Cuando tú no te amas, permites que te pisoteen y, además, si tú tiendes a ponerte de tapete, esto provoca que nadie, ni tú misma, te respete.

¿Tú piensas que lo que has permitido es sano para tu relación? Si sigues permitiendo las más mínimas humillaciones de tu pareja, tu situación de violencia va a continuar escalando y, si bien no creo que llegue al extremo, sí puedes salir lastimada.

Así que este es el momento para que evalúes tu relación. Es posible que ambos estén viviendo con la persona equivocada. No le quites más su tiempo y que él no te lo quite a ti. Puede ser que no sea la pareja de tu vida. Entonces, ¿para qué siguen siendo infelices? Si no hay un buen matrimonio, puede haber un buen divorcio. ¿No crees?

Pedir el divorcio

¿Quéee?! ¡¿Divorcio?! ¡Ni lo sueñes! Yo no me casé para divorciarme. Además, las divorciadas son mujeres terribles que están al acecho de nuestros maridos. Son mujeres fracasadas. Ni se te ocurra pensar que yo llegue a ser una de esas golfas.

—Pero, ¿quién te mete tantas tonterías en la cabeza? Las que acabas de pronunciar evidentemente no son tus palabras.

—Bueno, no, pero sí son las palabras de mis amigas. Y de todas las mujeres que tenemos un matrimonio decente.

—¿Perdón? Después de lo que me has platicado hasta este momento yo no le veo nada de decente a tu matrimonio. Prefiero ver a una mujer divorciada feliz, que a una casada causando lástima. Sin embargo, en algo tienes razón: las personas no se casan con la idea de divorciarse. Lo que es peor: se casan ¡sin pensar! Lo único que les preocupa es planear su BODA en lugar de planear su vida. Y la VIDA en pareja no es nada fácil. Si no existe un AMOR incondicional intenso y maduro que mantenga unidas las piezas, la historia se puede partir en pedacitos, de lo cual todos salen lastimados.

Un matrimonio es un convenio, un acuerdo que establecen dos personas para construir una relación con un objetivo común. Es una especie de proyecto en el cual ambos invierten sus capitales. Y esa inversión incluye aspectos materiales, emocionales y físicos. A través del tiempo y la experiencia, esa sociedad se irá fortaleciendo o se deteriorará. Conforme se presenten las épocas de crisis, a las que se enfrentan *todos* los matrimonios, al final se sabrá si este acuerdo, convenio, sociedad, o como quieras llamarle, tuvo éxito o fue un fracaso.

Una relación de este tipo no es fácil, ya que conjuga dos historias personales con distinta educación, valores, experiencias, traumas, complejos, ambiciones, visión de la vida, etcétera. Y cada uno de quienes constituyen ese nexo tratará de integrar su propia historia personal con la historia personal del ser amado para construir una sola historia familiar. Entonces, dejan de ser dos *yoes* individuales para convertirse en un *nosotros*. Y no importa que la unión sea protegida por las leyes civiles o por las leyes espirituales o sólo basada en un acuerdo personal. Cuando dos personas deciden unir sus vidas, crean un compromiso energético de largo plazo. Por eso es muy importante que al tomar esa decisión ambos estén seguros de lo que quieren.

El ciclo es fácil de determinar: cuando conoces a una persona y empiezan a tratarse con frecuencia, con el tiempo y la convivencia surge una experiencia emocional importante. Si existe afinidad entre ustedes, entonces surgirá el deseo de acompañarse y de crecer juntos. Este vínculo de afinidad propiciará una alianza y un compromiso para permanecer juntos durante mayor tiempo.

Ese vínculo se irá fortaleciendo cuando se presenten situaciones que pongan a prueba su relación, lo cual sucede más seguido de lo que uno quisiera. Y si la relación resurge fortalecida al haber superado esos retos, esa unión madura y el amor con minúsculas se convierte en "Amor" con mayúscula. El tiempo y el vínculo le darán significado a la vida de las personas que decidieron unirse por convicción.

Pero si con el transcurso del tiempo no se le encuentra sentido a esa unión; si con el tiempo en lugar de fortalecerse uno a otro se están destruyendo, entonces es muy importante reflexionar si vale la pena permanecer ahí.

Yo, en lo personal, querida, pienso que el mejor estado del ser humano es el que se vive en compañía, cumpliendo el compromiso y la palabra empeñada. Cada quien decide bajo qué reglas: espirituales o civiles, o ambas. Desgraciadamente, la institución matrimonial como fue diseñada hace tiempo ya no concuerda con la realidad actual.

Hoy, las mujeres y los hombres eligen con quién casarse; pero antes los matrimonios eran pactados, en general por los padres. Antes, las mujeres se casaban muy jovencitas; hoy lo piensan dos veces y posponen esa decisión durante más tiempo. Antes, la mujer tenía dos opciones solamente: casarse o resignarse a ser una "solterona"; hoy tiene miles de opciones para realizarse, y hoy también ser soltera es una opción, no una condena. Antes, el hombre aportaba el patrimonio para heredarlo a su descendencia; hoy muchas mujeres están haciendo fortuna, aun sin la ayuda de sus parejas. Antes te decían: "Hasta que la muerte los separe"... Y hoy parece que el matrimonio muere mucho antes que las personas.

—Justamente a eso me refiero, Hadita. Yo firmé y di mi palabra: en las buenas y en las malas. Claro que si hubiera sabido que habría más malas que buenas... ¡otra cosa hubiera sido!, ¿verdad? No obstante, yo decidí amar sin condiciones.

—Es muy noble de tu parte ese gran sacrificio que haces. Por eso la gente dice: "Pobre Cenicienta... Es tan buena; casi es una santa". Y seguramente esa imagen de santa te hace sentir bien, ¿no? Como si el sufrimiento que has experimentado desde tu infancia se alargara para toda tu vida y con eso justificaras el hecho de no tomar decisiones trascendentales.

Sin embargo, me da gusto saber que, aunque existe la opción del divorcio, tú estás decidida a hacer algo más por tu matrimonio. Si antes te hubieran dicho todo esto, entenderías que el amor no implica que te inmoles en una relación. Si bien el amor incondicional es lo más sublime y elevado del mundo, muchos seres humanos aún no están listos para vivirlo. Y es muy importante que en una relación siempre antepongamos nuestra integridad, además de poner algunas condiciones antes de casarse. Quizá de ese modo no habría tantos divorcios.

—A ver, Hadita, tú que te sientes tan segura y conocedora de estos temas, ¿qué condiciones pondrías para establecer una relación de pareja?

—Pues, ya que insistes, ahí te van...

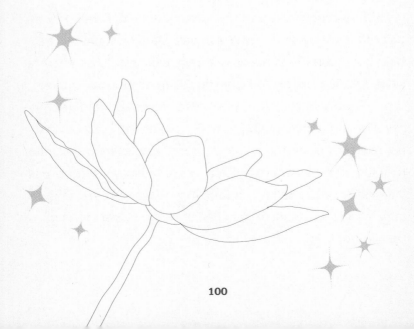

Te amo…
¿sin
condiciones?

—Yo debería amarte sin condiciones. Pero eso es lo que hizo mi abuela y lo que aprendió a hacer mi madre… Y mira cómo nos fue a todos.

Yo quiero amarte, deseo amarte, pero estas son mis condiciones.

Me conociste y te gusté. Una vez que tengas la certeza de que soy para ti, no pretendas cambiarme el peinado, el maquillaje, mi forma de vestir o mi manera de hablar y caminar. Esta soy yo y seguramente, en algún punto de la vida, voy a cambiar y a evolucionar, pero por ningún motivo cambiaré mi esencia.

- Nunca pidas que renuncie a mi familia. De ahí provengo, son mi origen y mis raíces, y lo que soy lo aprendí de ellos. El valor de mi familia me ha convertido en lo que soy ahora y será el pilar de la familia que quiero formar contigo.

- No me pidas que deje a mis amigos y que renuncie a ese espacio que me nutre y me colma. Esa parte de mi vida también me pertenece y me encantaría compartirla contigo.

- Si llegamos a pelear, no me humilles dejándome de hablar. Tu silencio abre un hueco enorme que seguramente yo llenaré preguntándote y preguntándome qué hice mal. Me dejas la gran responsabilidad de adivinar qué te pasa... Y muchas veces no voy a acertar. Eso es muy desgastante.

- Que nunca te pase por la mente que los golpes son un instrumento que sirve para resolver un conflicto. La violencia es el gran fracaso de la comunicación. Los golpes son la salida del cobarde y del macho. Y yo no elegí a un macho, sino a un hombre. Si recurres a la violencia, entonces tendré que aceptar que me equivoqué, y que te concedí un título que no merecías.

- Existen muchas posibilidades de que nuestra situación económica sufra modificaciones. En caso de que yo llegue a tener una mejor posición financiera que la tuya, no tendré ningún problema en apoyarte, como tú lo harás en otros momentos. No pienses que te estoy manteniendo y no te sientas mal por eso. En la relación existen complicidades y ésta será una de ellas. Sin embargo, empezaré a considerarte un mantenido si descubro que dejas de luchar y te hundes en la mediocridad.

- Y si en la economía el fuerte eres tú, créeme que ése será un motivo más para admirarte pero no será el único. Nunca condiciones tu aportación al hogar para controlarme o para castigarme. El dinero puede ser una forma de control y manipulación hacia otras personas, pero no hacia mí, que soy tu pareja.

- Si por alguna razón muy importante, como es mi familia, tengo que renunciar a mi profesión, empieza a reconocer mi faceta de madre y de ama de casa. Recuerda que si pudiera pasar recibo de honorarios por cada actividad que realizo en el hogar, no habría sueldo que pudiera cubrir mis servicios como cocinera, recamarera, chofer, psicóloga, lavandera, doctora, sexoservidora, etcétera. Sin embargo consideraré que mi pago será tu amor, tu respeto y el tiempo que como pareja seguiré necesitando para nutrir nuestro amor.

- La pasión es la mejor forma de mantenernos unidos y emocionados. El sexo con amor sigue siendo la mejor experiencia. Te pido que en el sexo nos acompañemos y nos cuidemos. El mejor momento de nuestra relación no será el orgasmo, como todos piensan, sino ese abrazo en el que nos fundamos después del clímax.

- Siempre háblame con la verdad. No es la infidelidad lo que lastima, sino el engaño y la decepción que vienen junto a ella.

- Cuando no quieras estar conmigo, estoy consciente de que tendrás tus razones. Pero también sé que muchos de tus motivos para que sea así no tendrán que ver con el hecho de que yo haya fallado. Más bien estoy segura de que tienes asuntos pendientes que debes resolver. Así que, en este aspecto, sólo háblame con la verdad.

- Si encontraras a otra persona que te atraiga, seguramente será porque es distinta a mí. Y yo estoy consciente de que la variedad siempre llama la atención. Lo que nunca podré aceptar es que sea mejor que yo, porque alguien mejor que yo no lastimaría a otra mujer y no destrozaría una familia.

- Termina nuestra relación antes de iniciar otra. Seguramente en ese momento no lo sabré entender, pero con el tiempo te lo voy a agradecer. Mi autoestima se verá menos afectada si haces las cosas en ese orden.

- Yo te amo porque decidí amarte, pero en mis condiciones no está forzarte para que me ames siempre. El amor que siento por mí misma me exige que si estás conmigo es porque lo deseas, no porque haya tenido que contratar a un chamán o porque tuve que hacer un amarre para obligarte a quedarte.

- No quiero amarte por mis carencias. Nadie te obligará a cubrirlas. Quiero amarte desde mis convicciones, sabiendo que estar contigo es maravilloso, pero que al estar sin ti también podré salir adelante.

- Y por último, mi condición de mujer me obliga a pedirte que me veas como lo que soy: una persona actualizada, inteligente y capaz, que merece que la amen por eso, no a pesar de eso; pues tú también tienes esas cualidades. No soy más pero tampoco soy menos. Soy tu complemento y acepto actuar de igual forma contigo.

- De este modo construiremos una nueva etapa en nuestras relaciones personales. Nuestras hijas conocerán la importancia de dignificar nuestro género y nuestros hijos aprenderán los valores fundamentales del respeto hacia las mujeres, lo cual fomentará relaciones más sanas y generaciones más equilibradas.

Esas son mis condiciones...

—¡Aplausos! ¡Qué bárbara!... ¡El hada para presidente! ¡El hada para presidente! ¡El hada para presidente! ¡Por qué no te llamé hace diez años caray...!

—¿Por qué no lo hiciste?, pues ahora te encuentro como una mujer sacrificada que nunca pidió ni exigió nada. A ver, dime, ¿cuántas cosas has sacrificado para convertirte en la buena Cenicienta?

—Lo primero que me viene a la mente, después de escucharte, y me duele mucho que haya sido así, es haber perdido a mis amigos. El príncipe me decía que no eran dignos de una princesa y nunca me permitió invitarlos al palacio. ¡No sabes cómo me hacen falta!

*Los amigos
son la familia
que tú eliges*

—**P**ienso mucho en mis amigos, Hadita. Pasé momentos muy importantes con ellos. Hubo de todo; a veces nos enojábamos pero pronto hacíamos las paces. Sobre todo recuerdo su solidaridad y su ayuda para poder alcanzar mis sueños. Era un cariño tan completo, tan desinteresado... Éramos incondicionales.

—Pero ya no los frecuentas. ¿No es así, querida?

—No... Es que las cosas han cambiado. Ahora tengo mucho trabajo y muchas obligaciones. La familia ocupa todo mi tiempo. Además, ellos son de otra clase... De otro nivel... Inf...

—¿Ibas a decir *inferiores*?

—Ay, Hadita, yo sé que suena horrible. Ni siquiera puedo pronunciarlo bien.

—Por supuesto que no puedes pronunciarlo bien, porque, otra vez, no son tus palabras. Esos términos que estás expresando pertenecen a un discurso que has escuchado durante mucho tiempo. Claramente puedo identificar en esas palabras a tu amado príncipe repitiendo lo mismo que decía tu madrastra y tus hermanastras: "¡Qué haces con los ratones, los pájaros y el gato; seguramente te sientes bien con ellos porque están a tu nivel!". ¿No es así, querida?

—Así, igualito. Hasta parece que estabas ahí.

—¡Siempre he estado ahí! En tu conciencia, aguantando las ganas de gritar a través de tu boca para defender a quienes, por supuesto, no son de *su* nivel. Todos estos seres que te acompañaron, buenos o malos, bonitos o feos, siempre te demostraron su cariño y su amistad y formaron parte importante de tu historia. Eran seres puros guiados por la solidaridad y la empatía. Y lo más importante es que tú te sentías bien con ellos.

Yo no sé por qué algunas parejas se sienten amenazadas por nuestros amigos. Como si al ser ellos tu presente, quisieran evitar a toda costa el contacto con tu pasado; como si tuvieran una especie de celos, quisieran clavar en ti su bandera de colonización para decir: "Ahora me pertenece".

Los amigos forman parte de nuestra historia. Son pequeñas piezas que embellecen nuestra vida, engalanan nuestras reuniones y le dan vida a nuestros álbumes de fotos. La vida nos presenta a miles de personas, pero sólo

*Los amigos forman parte
de nuestra historia.
Son pequeñas piezas que
embellecen nuestra vida,
engalanan nuestras reuniones
y le dan vida a nuestros
álbumes de fotos.*

algunas veces —incluso muy pocas— cumplirán ese hermoso papel en nuestra existencia, y, sobre todo, en nuestros recuerdos.

La amistad también tiene distintos niveles de conciencia. Tenemos amigos de la infancia y de la edad escolar que han sido nuestros mejores amigos, como pudo ser un vecino, un compañero de la juventud, y los que hemos cultivado en nuestra edad adulta. Todos cumplen una misión en nuestras vidas. Algunos serán nuestros cómplices de travesuras; otros nos harán reír hasta llorar e incluso hasta que nos hagamos pipí; otros más nos confrontarán haciéndonos ver la realidad, aunque no nos guste. Con algunos compartiremos un *sleeping bag* y hasta el cepillo de dientes. Con otros no será necesario hablar porque nos entienden con sólo vernos. Y también están aquellos que se retiraron cuando entendieron que así tenía que ser, pero nos guardan en un sitio especial de sus corazones. Y hay incluso los que te llaman una vez al año, pero en quienes el amor permanece intacto a través del tiempo y la distancia.

Los amigos verdaderos sobreviven a las circunstancias que nos presenta la vida y adquieren una gran importancia cuando, juntos, pasamos por pruebas difíciles; cuando nos sentimos muy solos y ellos nos sorprenden con un abrazo, con una sonrisa o con una llamada para decirnos: "Amiga, de repente pensé en ti y quise saber cómo estás". Y cuando uno llega a la madurez, la amistad se vuelve esencial, pues puede llegar a convertirse en hermandad.

Dios trabaja mucho a través de nuestras amistades. Ocupa a nuestros amigos para enviarnos mensajes. Y el mensaje más importante que nos traen es este: "Aquí sigo, no me he ido". Así que tienes todo el derecho de ver y convivir con tus amigos. Son personas que te nutren, que te colman de satisfacciones y te ayudan a vivir de una forma más feliz.

Por supuesto, en nuestras familias también podemos encontrar a un ser que se convierta en nuestro amigo. Hay padres, tíos, primos o hermanos cuyo amor nos vincula más allá de esta vida. Pero en tu caso, querida, tus amigos fueron una compensación por la familia que Dios te dio. Con todo respeto, hija.

La familia, mis raíces y mis alas

—Ay, Hadita, pues a veces me siento tan sola que hasta he llegado a extrañar a la canalla de mi madrastra y a mis insoportables hermanastras. Imagínate nada más. Casi extraño sus gritos y sus maltratos. En este sentido mi príncipe me ha demostrado su amor, protegiéndome, porque las alejó de aquí y les tiene prohibido entrar al castillo.

—No, pues sí, te tiene bien protegida. Nada más le falta poner barrotes y púas a las ventanas y a las bardas del castillo.

—Sí, sí tienen...

—¡No te ayudas, querida, no te ayudas! Mejor escúchame.

El seno familiar es el espacio donde nace y crece una persona. Ahí es donde forma su carácter y adquiere los valores que regirán su vida. La teoría psicológica afirma que en nuestra vida debe existir una imagen masculina de orden, autoridad y firmeza para proveernos estructura; pero también una imagen femenina de amor, ternura y acompañamiento que fortalezca nuestras emociones. Así, ambos aspectos formarán un ser integral que se convertirá en una persona equilibrada. Un buen ser humano.

—Otra vez ya me amolé. Mi madre murió cuando yo nací. Y mi padre, cuando yo era una jovencita, dejándome al cuidado de su nueva esposa y de dos hermanastras amargadas y groseras. "Eso" era mi familia. Me sorprende que yo no me haya convertido en algo peor de lo que soy.

—¡Santo Dios...! ¿Cómo que algo "peor"? Por favor, no vuelvas a referirte a tu persona de ese modo. Escucha, querida: al contrario de lo que dices, todos los retos y los sufrimientos que has enfrentado en la vida te han convertido en un ser humano excepcional.

—¿Sí? O sea, cómo...

—A pesar de que no tuviste una imagen materna, te has convertido en una maravillosa madre de tres hijos a los que has criado con devoción, amor y ternura.

Además, no obstante que no tienes una imagen de un buen matrimonio, has sido una buena esposa. Y también, a pesar de que tuviste un gran ejemplo de soberbia y mala educación, te has convertido en una buena persona que no le hace daño a nadie. Tus bases y tu esencia han sido muy buenas y te has encargado de cuidarlas para no adulterarlas.

Has superado una gran prueba al vivir circunstancias complicadas... y superarlas. A eso se le llama *templanza*.

Y el hecho de que extrañes a tu familia me dice que en el fondo de ti puedes entender por qué tu madrastra y tus hermanastras tienen ese carácter. ¿Has pensado en eso? ¿Alguna vez te has puesto en sus zapatos?

—Sí, Hadita. Yo sé que la gente no nace mala. Tiende a su parte más oscura cuando no supera las circunstancias de las que hablas. Yo recuerdo perfectamente el día que conocí a mi madrastra. Era una mujer hermosa, con mucha clase, y tenía dos hijas que, honestamente, no eran bonitas. Parecía que ella no quisiera que sus hijas brillaran y la opacaran, porque todo el día les daba órdenes, las criticaba y las regañaba, presionándolas para que, a como diera lugar, se convirtieran en princesas.

Por otro lado, mi padre padecía una fuerte depresión por la muerte de mi madre. Y lo peor es que no lo disimulaba. Nunca quitó los cuadros de las paredes con la imagen de mi madre. Me imagino que para mi madrastra eso debió significar una gran afrenta. Y una gran frustración. Cuando murió mi padre, ella descargó su rabia en mí seguramente por el parecido que tengo con mi madre. No obstante, ella no logró coartar mi libertad y la rebeldía que yo sentía como consecuencia de su maltrato. Por eso empecé a llevarme bien con los animalitos y con los mozos y opté por no salir de la cocina donde finalmente ella, por comodidad y venganza, decidió que era mi lugar. Lo cual no me importó, pues en esa estancia me sentía completamente libre.

—Y seguramente la historia de tus hermanas (porque si la vida las unió a ti, lo hizo para que fueran hermanas) no fue mejor que la tuya. El hecho de no haber heredado la belleza de su madre, y vivir todo el día sujetas a correcciones, descalificaciones y humillaciones, con toda seguridad convirtió su carácter en vinagre. Y cuando uno tiene una jarra llena de vinagre, eso es lo único que puede dar. Por supuesto eso tú no lo entendías. Aunque no era tu obligación comprenderlas, pues tenías suficiente con tus propios problemas. Pero piensa que debido a su actitud ellas no tuvieron amigos ni una familia que las apoyara.

Ahora que ya lo has meditado, quizá sea buena idea que busques un puente de comunicación que te conduzca

Nadie tiene derecho a pedirte que renuncies a tu familia. De ahí provienes, son tu origen; ahí están tus raíces. Bien o mal, con ellos aprendiste quién eres.

hacia ellas. Nadie tiene derecho a pedirte que renuncies a tu familia. De ahí provienes, son tu origen; ahí están tus raíces. Bien o mal, con ellos aprendiste quién eres. Los valores de tu familia, buenos o malos, te han convertido en lo que eres ahora y son el pilar de la familia que estás conformando en la actualidad.

Acércate; intenta recuperar el vínculo con ellas. Si muestran disposición para reconciliarse contigo, ganarás una buena relación fortalecida por las circunstancias. Y si no aceptan porque siguen cargando resentimientos y no están listas para el amor... pues bueno, habrás hecho lo que pudiste y ellas se perderán la oportunidad de reconstruir esa familia. Tú te convertirás en una persona mejor de todos modos. Y confirmarás que esos amigos que encontraste en el camino, han sido la forma como Dios te ofrece disculpas por la familia que te dio. Je, je, je.

—Sí, Hadita, ahora que lo veo desde esta perspectiva, mis hermanastras vivieron una vida más complicada que la mía porque, a pesar de todo, yo era feliz. Sin embargo, esa falta de amor y comprensión de mi familia me impulsó a que, a la primera oportunidad, escapara del castillo. El príncipe fue sólo un pretexto para salir de aquel infierno. Llegué a creer que él representaba mi felicidad. Y al confirmar, con el paso del tiempo, que ya no era así, deposité toda mi alegría en mis hijos.

Aún no te he platicado de mis hijos, ¿verdad? Anda, deja que te cuente, ¿sí? Estoy muy orgullosa de la familia que he formado. Quiero que mis hijos sean unos profesionistas exitosos y realizados. Mi hija mayor tiene una gracia innata para el ballet; mi hijo el que le sigue se la pasa tanto tiempo en la enfermería atendiéndose los golpes que recibe en el futbol que ya decidí que va a ser un excelente médico. Y el chiquito... Bueno, ése es mi dolor de cabeza, pues se la pasa coleccionando bichos, mirando el cielo; no se concentra en nada. En fin, creo que va a ser el que me cuide durante mi vejez.

—¡Pobres niños! ¡Qué losa tan pesada les has echado encima con semejantes expectativas!

—¿Qué? A poco también por eso me vas a criticar...

—Está bien, te escucho. Prometo... No, mejor... espero no criticarte mucho. Cuéntame, pues, acerca de tus hijitos...

Viviendo
a través
de los hijos

¡Ay, Hadita! Le diste en el clavo a mi tema favorito. Mis hijos…. Mira nada más cómo me pongo ancha de lo orgullosa que me siento de ellos. Han sido mi gran obra. Mi hija mayor es hermosa, responsable, estudiosa; obtiene las mejores calificaciones en su escuela, asiste a clases de ballet y es muy disciplinada. No me da ningún problema. Y mi hijo, ese pequeño es un deportista triunfador, guapo y sociable. Tiene muchos amigos. Creo que hasta podría ser político. ¿Qué te parece?

—A ver, a ver; las cuentas no me salen. ¿No me dijiste que tenías tres hijos?

—Ah sí, para allá iba. El chiquito, pues verás, él no es tan brillante, pero de ese me estoy encargando ahora.

—¿Qué quieres decir con que de él te estás encargando ahora?

—Lo que pasa es que es flojito... Hay que estimularlo constantemente para que estudie; no obedece a la primera y siempre anda rezongando...

—¡Vaya! Menos mal que tienes un hijo normal. Ya me estabas preocupando... Quiero preguntarte algo: esa hija tuya *tan* buena, *tan* brillante y *tan* responsable, que apenas está saliendo de la pubertad, ¿cuántos amigos tiene? ¿Asiste a algunas fiestas? ¿Ha tenido algún noviecito? ¿Cuántas veces ríe al día? Te puedo apostar que padece estreñimiento crónico.

—Este... ¿me puedes repetir la primera pregunta?

—No te hagas, Cenicienta. Sabes perfectamente bien a qué me refiero.

—Okey, okey. Verás, Hadita... Amigas sólo tiene una y no le gusta ir a fiestas. Por supuesto no ha tenido novios porque está muy chiquita; además su carácter es más bien serio. Y sí, sí tiene estreñimiento crónico. ¿Pero todo esto que me preguntas qué tiene que ver con el hecho de que sea una niña ejemplar?

—Ese es el punto, precisamente. Lo importante es que sea una NIÑA, no un *ejemplar*. Tu hija es un sujeto, no un objeto que se pone en exhibición para que otros la admiren, o más bien debería de decir... para que te admiren a TI.

Además, tu hija tiene el estigma del primer hijo que padece unos padres primerizos, muy nerviosos y estresados, que le ponen alfombra por si se cae, esponjas a los muebles para que no se pegue, y que le planchan la camiseta para que no esté fría al ponérsela, y no lo dejan respirar a gusto. Esto los convierte en niños temerosos e inseguros. Además, al ser los primeros, reciben el mandato inconsciente de que deben ser ejemplo para sus hermanitos y ponemos en sus manos inocentes la grave responsabilidad de velar por ellos: "Cuida a tu hermanito, protégelo, préstale tus cosas; entiende, es más chiquito que tú". Y con estos mandatos pueden pasar dos cosas: la primera, que convirtamos a ese ejemplar en un ser sumamente responsable, más maduro que los niños de su edad, nervioso, aprehensivo y estresado; preocupado por cumplir con las expectativas que sus padres pusieron en él. Y la segunda, que lo convirtamos en un ser neurótico que va a querer salir corriendo de su casa a la primera oportunidad.

Con este panorama, no les queda espacio para vivir las experiencias de un pequeño de su edad, para cometer equivocaciones sin sentir culpa y disfrutar la aventura de ser niño, gozando sus juguetes sin preocuparse por guardarlos perfectamente en su caja, y dejar limpio el espacio donde jugó, porque si no lo hace así seguramente su mamá lo va a regañar.

A veces no es necesario utilizar las palabras. Ha bastado con un simple gesto para que tu hija sepa si la estás aprobando o desaprobando. Y ella ha respondido a la perfección a estos mensajes; sin embargo, pregúntate honestamente: ¿tu hija es feliz?

—No lo sé. Nunca se lo he preguntado —responde Cenicienta, con los ojos llenos de lágrimas.

—No es necesario que le preguntes. Hoy mismo abrázala y dile que no quieres ver un solo diez en su boleta de calificaciones. Anímala a que invite a sus amiguitas al palacio. Llévala a que se compre la ropa que ella quiere, no la que eliges tú, y pregúntale si quiere seguir bailando ballet.

—A ver, Hadita; no es para tanto, ¿eh? ¿Cómo que no le pida un solo diez en su boleta de calificaciones? Eso sí que no.

—Eso sí que sí. Ella tiene que saber que la amas por lo que es, no por lo que logra. Permite que se relaje porque en su afán de conseguir los dieces que le exiges seguramente vive con una ansiedad terrible. Confía en ella; posiblemente al principio bajará su rendimiento escolar pero muy pronto va a recuperar el equilibrio. Por el contrario, podría mandar a volar todo y terminará experimentando mucha frustración. La idea es que no sea tan exigente consigo misma, pues precisamente de esa excesiva demanda se derivan sus problemas digestivos y sus dolores de cabeza. ¿No lo entiendes, querida?

—¿Y cómo sabes que tiene dolores de cabeza...? ¡Ah, sí, siempre has estado ahí...! Eso de que se compre la ropa que quiere... Ya la veo poniéndose sólo pantalones y flats. Siempre ha odiado los vestidos; pero se ve tan mona con ellos...

—Mona, sí, pero de aparador. Los vestidos que le compras son de tu gusto no del gusto de ella. Si prefiere los pantalones y la comodidad es porque es una niña *yang*, no una niña *ying*. ¡Qué bárbara, Cenicienta, le has cambiado la personalidad a tu hija! No se vale.

—¿Y qué quieres que haga? ¿Que le permita sus excesos? Si le permito que deje las clases de ballet, con toda seguridad agarrará el balón y se irá a jugar futbol con esas amigas horrorosas que, por cierto, ya le prohibí.

—¡Ahora entiendo por qué no tiene amigas! Seguramente tú también se las escoges, ¿verdad? Y de tu hijo, ese triunfador, amiguero y guapo, ¿qué me puedes decir?

—¡Ay, él es mi rey! Es muy guapo y tiene buen carácter. Es muy hábil para los deportes. Yo creo que ganará una beca deportiva... Y ya te imaginarás el pegue que tiene.

—¿Y también es responsable en la casa y te ayuda con la atención de su hermanito?

—Por supuesto que no, Hadita, él es hombre. Cómo crees que me va a ayudar con las labores de la casa. Ya parece que lo voy a poner a hacer el quehacer. El príncipe me mataría.

—¡Válgame Dios! Y nos quejamos de que los hombres son machistas. Y aquí tenemos a una maravillosa capacitadora y experta en educar machos. Ahora sí te voy a regañar. No sé cómo no vine a verte antes.

Después de haber criado al primer hijo con algodones y pinzas, entonces llega el segundo hijo, recibido por padres más confiados y más relajados. Como vieron que al primero no le pasó nada, entonces al segundo le permiten experimentar más y equivocarse más. Esto lo convierte en un niño confiado y seguro de sí mismo.

En un extremo tóxico, este pequeño podría convertirse en un verdadero conchudo que no se preocupa por nada. Pensemos que el de tu hijo no sea el caso. Como tiene un hermano mayor culpígeno, se puede deslindar de muchas responsabilidades y caminará más ligero por la vida, lo cual le permitirá darse tiempo para tener amigos, y divertirse. Además, los papás se repartirán la satisfacción de sus demandas y él no sentirá tanta carga en los hombros como el primogénito. Como es más alegre, se convertirá en el chistoso de la casa y recibirá más aplausos.

Sólo debes tener cuidado de no dejar de exigirle resultados concretos, porque como se le aplauden sus logros más nimios se regirá por la ley del menor esfuerzo y siempre encontrará un buen pretexto para no ir por más.

—¡No puede ser! Estás describiendo de manera perfecta a mis dos hijos. Mis orgullos. Lo que mejor he hecho en la vida. No me quites la ilusión de seguir forjándolos, por favor.

—Espera, querida, que aún viene la mejor parte...

—Me lleva el tren, para qué abrí la boca.

—Te estoy escuchando, querida, por más bajito que hables. Recuerda que estoy en tus pensamientos. Si de verdad quieres trascender como madre, estás equivocando la vía. Tus primeros dos hijos no representan ningún reto. Son hijos "oasis".[3] Sólo necesitan que los guíes. Sin embargo, tienes la maravillosa suerte de ser madre de un hijo "maestro".

—¿Maestro? ¿Quién, el chiquito?... ¡Maestros son los que he tenido que contratar para que aprenda las tablas de multiplicar, las matemáticas, para que se concentre! Psicólogos, talleres de tareas, activación del pensamiento, feng shui, chi kung, reiki, meditación trascendental, hipnosis ericksoniana... ¡Ya no sé qué hacer para que este chamaco se enderece! ¡Sólo me falta traer un sacerdote para exorcizarlo! Bien dicen que árbol que crece torcido...

—Momento... Esa frase sólo se aplica a los árboles, ¿eh?

Tu problema es que sientes que tu hijo está torcido porque no es como a ti te gustaría que fuera. Con tus otros

---

3   Hijos oasis, hijos maestros, concepto tomado del libro *Tu hijo, tu espejo*, de Martha Alicia Chávez.

hijos no tuviste problemas para domarlos. Pero el más pequeño llegó en condiciones muy distintas.

Aunque no me lo digas, el tercero fue un *pilón*. Es decir, un hijo que no esperaban pero se coló y no les quedó otra opción más que tenderle la alfombra de "Bienvenido".

—Ése fue otro problema, porque yo hubiera querido que dijera: "Bienvenida", pues deseaba otra nena. Una muñequita natural, bonita, simpática, femenina, que cargara su bolsita para todos lados y que fuera dócil. Una niña a la que sí le gustara el ballet y con la que tendría muchas cosas en común. Así tendría a mi niña *yang,* como la mayor, y a mi niña *ying,* como tú les dices.

—¡Claro... que te costara menos trabajo domar! Qué bárbara eres, Cenicienta. Pero Dios te mandó un niño respondón y rebelde, al que cada vez que le digas "negro" él responderá "blanco", y a quien, cuando quieras chantajear, te cachará en la movida. Y si quieres que lea, el va a cantar, y si le pides que se calle, va a gritar. Qué buena jugada te hizo la naturaleza... ¡Soberbio! Ja, ja, ja.

—¿Acaso te estás burlando de mí?

—No, querida, al contrario. Me da gusto que sea así. Este es el verdadero *hijo maestro* que necesitas. Es el que te concedió la VIDA para prepararte, para estudiar, para tomar terapia y para preguntar. Este hijo maestro te confrontará y te pondrá contra la pared; en ciertos momentos hará que te preguntes qué hiciste para merecer semejante

Cada hijo representa un grado de dificultad distinto, así como un objetivo específico en la vida.

prueba. Pero cuando te prepares, te capacites y aceptes el reto con verdadero amor de madre, él será el hijo que hará que crezcas y trasciendas tu tarea de madre: hará que el título de mamá lo ganes a pulso con base en tu amor incondicional.

Eso le ha pasado a mujeres que de verdad han tenido una prueba difícil en la vida. No es que menosprecie tu prueba, querida, pero hay hijos que son un verdadero reto: un hijo especial, con alguna enfermedad, con algún síndrome extraño, con alguna deficiencia o con una característica distinta. Un hijo que haya sufrido un accidente. Y sus madres no tienen otra opción más que renunciar a su individualidad para cuidar a chicos enfermos; madres que a partir de una desgracia personal entregan sus vidas al servicio de otros. Simplemente habría que observar a las mamás que llevan a sus hijos a rehabilitación para constatar su sacrificio y su entrega.

Cada hijo representa un grado de dificultad distinto, así como un objetivo específico en la vida. Descubrir ese objetivo, generar las condiciones ideales para que las dificultades lo fortalezcan y desarrollar un plan de acompañamiento y guía para que pueda realizarlo, es la labor más importante de las madres.

Recuerda que los padres son como los jardineros. Al plantar una semilla para que crezca una rosa, el jardinero estará al pendiente de su crecimiento, colocándole una guía para que la flor pueda crecer lo más rectamente posible. Agregará abono a la tierra; cortará las espinas que puedan lastimarla pero dejará aquellas que la protejan. Y la apreciará en su belleza y en su desarrollo. Mal haría el jardinero en cortar los brotes, agregando colorante artificial a los pétalos de la rosa porque no acepta el color natural de la flor y aplicando injertos de otro tipo de especies con la absurda pretensión de fortalecerla. Justamente así se crían los bonsái, esos árboles enanos que el artesano crea a fuerza de cortar los brotecitos al árbol en desarrollo, de lo cual resulta una especie decorativa y frágil que en esencia pudo haber sido un roble fuerte, alto y frondoso que habría dado frutos, cobijo y sombra a otros seres.

No les cortes los brotes a tus hijos. No los conviertas en el bonsái decorativo que quieres tener al alcance de tu vista y que siempre tendrá que depender de ti porque, si no, se muere. Déjalo crecer y confía en que tu amor y los valores que ha adquirido a tu amparo lograrán que, aunque atraviese pantanos, no se hunda.

Recuerda la importancia de fortalecer sus alas mediante el hecho de permitirles ser ellos mismos. En ese camino seguramente experimentarán frustraciones, fracasos y caídas que les dejarán cicatrices, pero fortalecerán su voluntad y los convertirán en seres humanos con sabiduría. Lo mejor que tú podrás hacer entonces será recordarles sus raíces, es decir, de dónde provienen, y sus principios, lo valiosos que son y lo importante que es su papel en la vida.

Resolverles la tarea, cargarles la mochila y evitarles las frustraciones, lo único que provocará es que se vuelvan seres débiles, dependientes y resentidos con quien no les permitió fortalecerse y crecer.

Por favor, querida, tú debes construir una vida propia y dejar de vivir a través de los logros de tus hijos. Deja de esperar todo de ellos y permíteles ser. Recuerda que un día tomarán su camino, desplegarán las alas que ayudaste a construir y vivirán su propia vida. Y cuando llegue ese día espero que tú tengas *una vida personal.*

PÍDELE A LA VIDA TU VIDA.

Ahora entiendo por qué no has tenido tiempo de construir esa vida. Todo tu tiempo y tu energía vital los has dedicado a tu casa, a tu príncipe y a tu familia.

—Ahora que lo pones así, Hadita, ya sé qué quiero pedir: ¡una esposa!

—¿Cómo? ¿Decidiste batear para el otro bando? Ésa no era mi intención.

—No, Hadita. Lo que pasa es que si lo meditas bien, las esposas son maravillosas. Tienen un gran sentido de entrega y responsabilidad. Atienden la casa, preparan comidas deliciosas y nutritivas, cuidan como nadie a los hijos y garantizan la completa funcionalidad de un hogar. Es la única forma de que un hombre pueda salir y realizarse en todos los aspectos, a sabiendas de que su hogar está en buenas manos. ¿Cómo no se me había ocurrido antes? Teniendo una esposa en casa que realice las tareas que yo hago en el palacio, tendré tiempo de realizarme en todos los aspectos. ¿No crees?

—Ay, querida, qué graciosa me saliste. Ahora sí me hiciste reír. Pero eso de pedir una esposa no es práctico ni tampoco realista. Lo cierto es que toda mujer que decide emprender un camino de superación debe organizarse y pedir ayuda, pues deberá crear una red de apoyo para poder combinar sus actividades sin desatender aspectos importantes y no olvidar que es un ser integral.

Un ser integral

—E l papel de mujer es un concepto. Cuando nace una "hembra" se le quiere convertir en "mujer".

Y este concepto se ha venido construyendo a través de la historia. Y aunque en la actualidad este paradigma se ha deteriorado progresivamente, nuestra cultura conservadora aún nos ha querido vender un estereotipo: para preciarse de ser completa, una mujer necesita encontrar un buen partido, casarse, tener descendencia, sacrificarse por todos y morir oliendo a santidad. Sus talentos y sus habilidades se concretan a saber cocinar, limpiar, coser, criar hijos y cumplir con las obligaciones maritales, además de mantenerse en forma, guapa y dispuesta. El éxito de un buen matrimonio recae en los hombros de una mujer que ha sido lo suficientemente inteligente para aprender a callar, a llevar la fiesta en paz y a atender bien a su marido.

Yo admiro mucho a mujeres como tú que se entregan a esta vocación y, como dice el dicho: "Por sus frutos conoceréis al árbol". Sin embargo, hoy en día sabemos que esa "construcción de la mujer" no es una receta que le viene bien a TODAS, pues no todas nacieron con esa vocación. No por el hecho de tener el equipo biológico necesario para gestar y parir hijos, debemos sentir automáticamente el deseo o la vocación de ser madres.

Y las mujeres que toman la valiente decisión de renunciar a su vocación maternal saben que tienen muchas más opciones para descubrir su vocación y entregarse a ella con toda su pasión y su energía.

Ser ama de casa y madre requiere muchas horas de entrega, trabajo y sacrificio... Quedan pocas horas al día para dedicarlas al crecimiento personal. Pero ahora que la vida nos ofrece tantas opciones es hora de que hagamos un alto y entendamos que aun siendo maternales y teniendo una vocación de madres bien firme, tenemos todo el derecho de vivir una vida integral que incluya diversos aspectos.

Toda mujer debe tener una lista de prioridades. Sin embargo, hay momentos y etapas en que las prioridades no coinciden con lo que deseamos, y nuestro deber y nuestra responsabilidad deben tomar el mando y seguir cierta disciplina. No obstante, una prioridad que no debemos postergar es nuestro equilibrio. Y el equilibrio se da al combinar los tres aspectos más importantes en la vida de todo ser humano integral: físico, mental y emocional.

ASPECTO FÍSICO

Tu aspecto físico es muy importante. Tu cuerpo es un vehículo a través del cual experimentas una vida terrenal. Este cuerpo físico fue formado en el vientre de tu madre y contiene todo el material genético que te heredaron tus padres. Es una respuesta a la unión de esos dos seres y tus características son las necesarias para disfrutar tu experiencia en este planeta.

—¡Ay, Hadita, hay muchas cosas de mi cuerpo que no me gustan! Y lo peor es que mis papás ya no están para reclamarles.

—El cuerpo que te dieron es único. No hay devoluciones ni reclamos. Ése te tocó y ni hablar; ahora lo que debes hacer es cuidarlo durante toda tu vida para que ese vehículo rinda y funcione de la mejor manera.

La salud de tu cuerpo es muy importante y requiere mucha atención, porque sin salud no podrás llegar muy lejos. Y sobre todo, a cierta edad, querida, es importantísimo que estés al pendiente de las funciones de tu cuerpo, y que cuando éste te envíe señales de alerta las tomes en cuenta para que te realices una revisión médica. He esta-

La dieta es uno de los grandes males de la actualidad. Qué casualidad que al mismo tiempo que se pusieron de moda los productos light *se elevaron los niveles de obesidad, de la diabetes y de los problemas cardiovasculares.*

do observando que dedicas todos los cuidados para tu familia, pero sigues minimizando tus migrañas, tus molestias digestivas y tus mareos, y no te cuidas. En este mismo instante le pondremos fecha a la visita médica. ¿Está bien?

—Está bien, Hadita.

—Lo que no está bien es la forma como te alimentas. A ver, dime, ¿qué desayunaste hoy?

—Hoy... Déjame pensar... Qué desayuné... ¿Acaso desayuné? No me acuerdo...

—Pues yo te lo voy a recordar: tomaste un vaso de agua con el jugo de medio limón para bajar la grasa y después comiste una barrita de cereal, dizque con mucha fibra. Y eso es lo que muchas mujeres hacen todos los días: no tomar adecuadamente el alimento más importante del día. Dime, querida, ¿cuándo necesita más energía tu cuerpo para realizar tus actividades: en la mañana, en la tarde o en la noche?

—Ojalá fuera en la noche, ¿no? Je, je, je. No te enojes... Era broma. Pues en la mañana. Es cuando más trabajamos.

—Muy bien, muchachita, veo que lo entiendes perfectamente. Y si lo entiendes perfectamente, entonces, ¿por qué sólo comes esa barrita y un vaso con agua y limón?

—Por la dieta, obviamente.

—Vaya... La dieta es uno de los grandes males de la actualidad. Qué casualidad que al mismo tiempo que se pusieron de moda los productos *light* se elevaron los niveles de obesidad, de la diabetes y de los problemas cardiovasculares.

El cuerpo no debe depender de los mensajes publicitarios, de las revistas de moda o de los chismes de sobremesa con tus amigas. Tu salud debe estar en manos de especialistas que te recomienden qué funciona mejor para ti. Tu cuerpo, tu persona, tú misma, conforman un ser individual con diversas necesidades. No todas nacimos para ser talla 0. Hay mujeres con metabolismos diferentes y con complexiones distintas. No todas las recetas son buenas para todas.

Prefiero a una gordita feliz que a una flaquita temblorosa y debilucha. Y si tu comadre es flaca por naturaleza, déjame decirte que seguramente ella está preocupada por algún otro aspecto físico que debería remediar. Las mujeres tenemos problemas para aceptarnos como somos. Pero, ¿qué crees?, somos bellas por naturaleza. La belleza está en los ojos de quien nos mira. Cuando te enamores de ti y te valores, entonces te verás con ojos de amor y te darás cuenta de que en lo esencial eres maravillosa y no te sobra ni te falta nada.

No me opongo a que en algún momento de nuestra vida nos hagamos un arreglito, o a usar productos que nos mantengan bellas y sanas. Pero esa moda de operarse todo lo que se pueda y dejar de parecerse a sí mismas para convertirse en muñecas en serie de la fábrica de *Barbies* con la misma nariz, el mismo mentón, las mismas *bubbies*, etcétera, eso no es natural.

El tema de la alimentación es básico. Los ritmos de tus actividades te lo sugieren. Por la mañana, el alimento debe ser abundante y equilibrado para quemar esa energía durante la mañana. La salida del sol con sus rayos despierta la energía vital y anuncia que es el momento de trabajar. El día rinde más cuando nos levantamos temprano.

La comida que ingerimos a la mitad del día también tiene que estar equilibrada, para utilizar esa energía en la tarde. Cuando el sol comienza a menguar, lo mismo le ocurre a tu energía vital. Así que todo alimento que le caiga pesado al cuerpo será más difícil de eliminar. Y, por supuesto, la cena debe ser mucho más ligera, para facilitar que el cuerpo se disponga a descansar.

Una comida pesada por la noche tendrá a nuestro cuerpo más ocupado en la digestión que en el reposo, y muchas veces ocasionará insomnio y hasta pesadillas. Todo es cuestión de hábitos. Y en general los hábitos de la mayoría de las mujeres son muy malos, lo cual genera muchas enfermedades.

Antes, la gente se moría de factores infecciosos y enfermedades raras que, hoy con las nuevas tecnologías y los descubrimientos médicos, están siendo contrarrestados. Lo triste es que en la actualidad la gente no se muere por enfermedades sino por desórdenes: alimenticios, emocionales y físicos, que generan estrés, ansiedad y síndromes, en los que están implicados problemas psíquicos, neurológicos, inmunológicos y biológicos.

Dime, querida, aparte del alimento y la energía que gastas diariamente, ¿cómo te repones?, ¿cómo descansas?, ¿duermes bien?

—¡Ay, Hadita! Qué pregunta. ¿Descanso? ¿Qué es eso? Desde que me embaracé la primera vez, no he vuelto a saber lo que es el descanso. Mi sueño es ligerito y al primer ruido me despierto. Y, por supuesto, no concilio el sueño hasta que todos, incluido el príncipe, están dormiditos en sus camas, tapados, con la bendición de Dios y la luz apagada. Y luego, cuando me voy a dormir, se me aparecen en la mente todos los asuntos pendientes, los míos y los de los demás; las tareas, las deudas, los negocios del príncipe, el divorcio de mi amiga, más lo que se acumule en la semana. Hay veces que me despierto más cansada de lo que me acosté.

—¿Y has ganado algo con eso? ¿Se han resuelto todos los problemas en los que te ocupas con ese sacrificio? ¿El mundo es mejor desde que le dedicas tus noches de preocupación y tus insomnios?

—Pues, la verdad… no.

—¡El reposo es vital! Cuando la gente dice que el sueño es "reparador" significa que literalmente te reparas después de un día lleno de actividades y de situaciones que has resuelto.

En el descanso nuestras células se reorganizan, nuestra piel respira oxígeno, nuestra mente descarga todas sus tensiones a través de los sueños. Sólo entonces recobramos un poco de paz.

Anteriormente había rituales que se practicaban antes de dormir para conciliar el sueño. La merienda temprano, los cuentos antes de dormir, la luz apagada, la bendición, en fin. Esas costumbres nos procuraban una mejor calidad de vida.

Pero hoy en día no respetamos los ciclos naturales. Desde que se inventó la luz eléctrica forzamos al cuerpo y a la mente a que estén despiertas hasta altas horas de la noche. Permanecemos frente a la computadora o viendo el televisor y alimentando nuestra mente con imágenes violentas. Lo que antes eran cuentos de hadas y oraciones se han convertido en películas de ficción o en noticias desalentadoras sobre guerras, muertos, violencia y desastres naturales. Y a eso súmale los niveles de estrés que cargas, con problemas reales o inventados que no te dejan descansar.

—¿Y cómo me pides que no me preocupe? Sería una irresponsabilidad pensar que los problemas se resuelven por sí solos.

—No, querida, lo que sí es una verdadera irresponsabilidad es que permanezcas en vela preocupándote por mil problemas, en lugar de ocuparte en solucionarlos.

La preocupación nos tiene enfermos, cabizbajos, amargados y deprimidos. Dime: si no puedes resolver los problemas sólo preocupándote, ¿qué haces para eliminar la tensión de tu mente y de tu cuerpo? ¿Realizas algún ejercicio?

—Pero por supuesto que hago ejercicio. No me ves todo el día como loca tendiendo camas, limpiando pisos, lavando trastes, sacudiendo el palacio. ¿Qué más ejercicio quieres que haga?

—Eso no es ejercicio, Cenicienta. El ejercicio es una actividad que realizas en un tiempo determinado y que dedicas específicamente a tu cuerpo y a tu mente para eliminar el estrés y las toxinas, para reconstruir el tejido muscular y para fortalecer tus huesos. Todo, con el objetivo de que te prepares para tener una mejor calidad de vida.

—Mira, tú. Yo pensé que el ejercicio sólo servía para adelgazar. ¿De verdad nos ayuda a todo eso que dijiste?

—Claro que sí. Por eso es importantísimo que le dediques ese tiempo a tu cuerpo, ese templo sagrado que contiene tu mente, tu alma y tu espíritu. Cuando tu mente le envía a tu cuerpo la intención de realizar un ejercicio para beneficio de su salud, tu cuerpo responde de una manera sorprendente. Sólo es cuestión de tiempo, disciplina y mucho amor por el propio cuerpo. ¿Qué cuentas vas a rendir cuando tengas que entregar el equipo? Recuerda que Dios sólo te dio uno. Hay personas que lo entregarán sin apéndice, sin vesícula, con una gran cantidad de achaques o invadido por células negativas. El cuerpo es una especie de mapa que habla de las aventuras que vivimos en este mundo y de cómo las vivimos.

Y por supuesto, el ejercicio también te ayudará a tener una figura mejor.

—¿Qué? ¿Por qué? ¿Hay algo malo con mi figura?

—No sé. La verdad, con esa ropa que usas, no se nota mucho. Esa ropa holgada matapasiones no deja ver tu figura. Tú dime: ¿te gustas?

—Por supuesto que no me gusto. No me gusto nada. Pero entiéndelo: este cuerpecito "gordibueno" ha pasado por tres embarazos. Por eso las caderas anchas, las lonjas, los senos estriados y colgados, las piernas varicosas... Y la autoestima en el suelo...

—Calma, calma, querida; no es para tanto. ¡Qué mal te tratas! Todo eso que dices es una exageración. En primer lugar debo decirte que los embarazos no tienen la culpa del estado actual de tu cuerpo. Esas experiencias son maravillosas pero son pasajeras. Y justamente por enfocarnos a ser madres y olvidarnos de que además somos mujeres, abandonamos de ese modo a nuestro cuerpo. En ese estado, es vital ocuparnos de él: evitar subir de peso más del necesario, alimentarnos de manera sana y seguir haciendo ejercicio. Pero si no lo hiciste, nunca es tarde para empezar.

Hoy en día hay muchas opciones para recuperar la salud y la figura. Aunque no debes aspirar a tener la misma figura que tenías cuando eras quinceañera, porque ya no combinaría con tu edad y con tu madurez. También es importante aprender a madurar con dignidad. Y la dignidad nunca hay que perderla. Esos kilos, esas arrugas, esa flacidez, hablan de distintos episodios de tu vida. Quitarte los años significaría omitir tantas vivencias buenas y malas que te han convertido en quien eres ahora.

—En eso tienes mucha razón, Hadita. Si tuviera que quitarme los años no sabría cuáles ni querría hacerlo: los que viví con mi padre, los de la adolescencia, los mejores de mi convivencia con el príncipe, aquellos cuando aprendí a ser mamá... Bueno, aun esos años dolorosos que viví con mis hermanastras, o aquellos marcados por las lágrimas y el dolor, han sido muy importantes y me han enseñado a madurar. Tampoco me los quitaría de encima.

—Me da gusto que pienses así. Ahora, con esa voluntad y ese valor que demuestras, te voy a pedir algo: enfréntate al espejo, querida, sin miedo; observa con valentía y con amor ese cuerpo que ha librado distintas batallas. Reconcíliate con él. Analiza lo que te gusta, y lo que no te gusta, ¡encárgate, haz algo por él!, pero nunca más lo humilles. La imagen en el espejo es de quien tú eres ahora. Y habrá cosas que puedas modificar sin anularte para manifestar lo mejor de ti misma.

Después, observa tus ojos y promételes que recuperarás para ellos el brillo del amor y la seguridad. Acaricia tus líneas de expresión, que son cicatrices de momentos difíciles que ya pasaron y recuerdos de todas las sonrisas y las alegrías que has vivido, pues esas arruguitas también son consecuencias de momentos felices y no sólo de sufrimiento.

¡ÁMATE, querida! Te tienes a ti, y ésa es una gran noticia. Nadie puede hacer por ti lo que tú no hagas. EMPIEZA HOY MISMO a hacerlo.

¡Descubre tu propio estilo! Deja de vestirte como mamá o como esposa. Vístete como tú quieres y como a ti te gusta. Tú tienes una esencia individual. Dignifícala dándole su propio toque, su propio estilo. Eso te dará una clase y una personalidad que es sólo tuya. Cada quien tiene una personalidad que es única y que es necesario descubrir y resaltar para proyectarla.

—Ahora que lo mencionas, a mí me gustan los vestidos floreados, sobre todo los colores pastel, pero el príncipe dice que ya estoy mayorcita para lucirlos, que se me ven ridículos.

—Obsérvate, querida. Si te gusta ser ingenua al vestir, ese es tu estilo. Hay mujeres dramáticas que les gustará estar al grito de la moda; mujeres naturales que se sentirán muy bien sin tanto maquillaje, usando *jeans* y una playerita; también hay mujeres románticas que les gusta lucir muy sensuales con encajes, escotes y minifaldas, y también existen las mujeres clásicas que prefieren los trajes más formales. Tu estilo no lo determina tu edad, ni si estás casada o no lo estás. En gustos se rompen géneros. No le hagas caso a quienes quieren cambiar tu estilo. Así te conoció el príncipe, ¿no? ¡Ahora resulta que no le gusta cómo eres!

También acepta tus medidas y la proporción de tu cuerpo, y utiliza las prendas que te hacen lucir, no aquellas con las que te envuelves. Piensa que hay estampados grandes, colores claros y telas gruesas que pueden ensanchar tu figura, pero también colores lisos y oscuros, así como estampados pequeños, que pueden hacerte ver delgada.

Hay colores cálidos y colores fríos. Conociéndote bien y analizando el color natural de tu piel, de tu cabello y de tus ojos, sabrás qué gama te favorecerá. Descubre tus tonos y tus matices; los que te dan luz y que reflejan tu propia esencia.

Y, por último, adórnate, sácate partido. No le tengas miedo a los accesorios. Eres una obra de arte de tu Creador, así que luce esa belleza que te concedió. Deja de ocultarla entre las paredes de este castillo. Permite que se proyecte tu luz. Y recuerda que es la seguridad en ti misma la que te hace atractiva.

—Eso fue lo que hiciste conmigo aquella noche, ¿verdad?

ASPECTO MENTAL

—Sí, querida. Esa noche me esmeré en tu imagen, pero me faltó fortalecer tu autoimagen. Olvidé cambiar la opinión que tenías de ti misma: toda esa información que tenías dentro, en tu mente, en esa cabecita que constantemente se repetía: "Soy fea, no valgo y no sirvo para nada".

De nada nos sirve una imagen bella si no está sustentada en la autoestima y la seguridad en uno mismo. El daño

De nada nos sirve una imagen bella si no está sustentada en la autoestima y la seguridad en uno mismo.

más grave que podemos infligirnos ocurre cuando no nos valoramos y repetimos constantemente frases de descalificación para nuestra propia persona.

Nuestra mente es un arma muy poderosa. Es la fábrica de pensamientos e ideas que funciona las veinticuatro horas del día. Nuestra mente dispara un promedio de sesenta mil pensamientos al día pero desafortunadamente la mayoría son negativos. Y gran parte son pensamientos repetitivos e ideas viejas y estancadas que se vuelven creencias negativas. Lo peor es que los guardamos y los manifestamos en el transcurso de nuestra vida.

Nuestra mente es como el disco duro de una computadora. Archiva todo lo que entra y no discrimina nada. Así que cuando algo que sucede a nuestro alrededor nos afecta, reaccionamos como si alguien oprimiera una tecla en nuestra computadora e inmediatamente nos llevara a la información que tenemos almacenada. Por ejemplo, si alguien desconocido te dijera: "¡Qué hermosa eres!", ¿cuál sería tu reacción?

—¿Eh? ¿Perdón? ¿Dijiste hermosa? ¿Te refieres a mí?... Ya, Hadita, no te burles. Cómo crees que puedo ser hermosa. Y con estas fachas, menos...

—Esa precisamente es tu respuesta inmediata al estímulo de la palabra "hermosa". Todo eso que dijiste sin pensar refleja lo que crees de ti misma.

—No se vale, me agarraste desprevenida. A ver, ¿vuelve a preguntarme?

—Qué chistosita eres. Las cosas no son así, querida. Muchas veces la vida te va a tomar desprevenida y no te dará una segunda oportunidad. Y tu primera reacción a las circunstancias te irá cerrando o abriendo puertas.

Las creencias negativas son los patrones o paradigmas que nos vamos formando del mundo: sus crisis y sus oportunidades, sus retos y sus problemas, sus glorias y sus fracasos, todo lo cual entreteje nuestra historia personal. Con base en la repetición de distintas órdenes, de nuestras vivencias y de nuestras experiencias, hemos fortalecido esos paradigmas. Sin querer, el entorno familiar, siendo la pri-

Muchas veces la vida te va a tomar desprevenida y no te dará una segunda oportunidad.

mera influencia sobre nosotros, va a matizar las ideas que tenemos acerca del mundo.

Y después, todas las personas a quienes les otorguemos el poder de influir en nosotros, abonarán su granito de arena a estas creencias: amistades, parejas, maestros, parientes, enemigos, etcétera.

Tus creencias acerca del amor, de la pareja, del dinero, de la salud, y de todos esos aspectos importantes con los cuales tendrás que lidiar toda tu vida, son una semilla que ha sido sembrada en tu mente y en tus emociones. Y esa semilla podrá tener frutos positivos o negativos. El riesgo reside en el hecho de que si la mayoría de tus ideas son negativas y no realizas los cambios pertinentes, las creencias que generen se volverán cada vez más poderosas y atraerán a tu vida hechos de esa naturaleza, es decir, negativos. Nuestros pensamientos y nuestras palabras son energía. Y la buena noticia es que podemos modificar esos pensamientos y esas palabras para nuestro provecho.

—¿Y cómo le hago para cambiarlos si, como bien dices, me han acompañado durante toda mi vida?

—El primer paso para hacerlo es volverte consciente de que debes cambiarlos. En tu mente nacen alrededor de sesenta mil pensamientos al día, como ya dije, muchos de los cuales no significarán nada, pero habrá algunos que estimulen un dato de tu subconsciente. Tienes que estar pendiente de tu primera respuesta a cada estímulo que recibas, para que cuando detectes que tu respuesta es negativa, no le des oportunidad de cobrar fuerza. Analiza si esa idea es tuya, si la aprendiste, a quién le pertenece y, con mucho amor, déjala ir. Y en su lugar comienza a sembrar pensamientos positivos. Sobre todo pensamientos del tipo "Sí puedo", "Sí valgo" y "Sí merezco", que buena falta te hacen, querida.

Y para eso, de ahora en adelante es importante que elijas bien qué información alimentará tu mente, qué y a quién escuchas. Olvídate de oír todo el día noticieros que sólo te provocarán más estrés; aléjate de las "amigas" que gozan sembrando dudas y chismes en tu cabeza; recurre a la lecturas de los libros que te ayuden a fortalecer tu crecimiento y que abran tu mente a nuevos enfoques; en fin, acércate a todo aquello que te convierta en una persona mejor, a aquello que te emocione.

ASPECTO EMOCIONAL

—En ese aspecto puedo entender todo a la perfección, pues soy un ser muy emocional y extremadamente sensible. Pero no me gusta ser así, porque todo me afecta y lloro por cualquier cosa.

—Todo lo que llega a tu mente a través de tus sentidos, va a despertar diversas emociones; unas serán placenteras, otras no tanto. Somos seres emocionales con una gran cantidad de fibras sensibles a ciertos estímulos que tienden a provocar una reacción.

Me da gusto que digas que eres un ser emocional, porque en la medida en que una persona siente sus emociones y responde a su estímulo, en esa medida puede saber qué tan viva está y puede medir su calidad humana.

Te voy a dar un ejemplo: la mejor forma de entender cómo se manifiestan las emociones en los seres humanos ocurre cuando observamos a un bebé, cuando éste transita de una emoción a otra frente a ciertos estímulos. Un bebé que no ha sido sometido a reglas y normas, ni a premios y castigos, aún no ha sido "domesticado". Cuando percibe algo que no le gusta, responderá con llanto y con una profunda tristeza; pero si inmediatamente le proporcionas un nuevo estímulo, como acercarle su biberón, abandonará el llanto y se pondrá contento, expresando su felicidad con risas. Si entonces le quitas el biberón, el bebé puede responder con enojo haciendo un berrinche, y al devolverle lo que desea otra vez te mirará con amor.

—Qué crueldad hacer eso con el bebé, ¿no crees?

—Así es. Sin embargo, constantemente la vida nos coloca en esas situaciones crueles: te da y te quita. Y tú debes responder a esos estímulos. Pero a diferencia del bebé los adultos no respondemos de manera natural y pura, justamente porque desde que éramos niños comenzó nuestra domesticación: "No llores, aguántate", "No te rías así",

"No ganas nada con enojarte...", y muchas órdenes de ese tipo que nos enseñan a controlar nuestras emociones reprimiendo las lágrimas, ahogando las risas, conteniendo la rabia... Guardando en nuestro corazón la expresión de esas energías.

Por supuesto, tampoco es bueno explayar las emociones como si fueran caballos desbocados, reaccionando de manera automática ante cualquier estímulo, ya que las emociones vienen con cargas de energía que surgen sin filtrarse. Sin embargo, filtrar todo y disfrazar la emoción ofreciendo respuestas aprendidas o actuadas nos provocará mucha frustración. Las emociones nos ayudan a adaptarnos a las situaciones que nos ofrece la vida y es bueno conocerlas para identificarlas y aprender a controlarlas, no a negarlas.

Las emociones básicas son: miedo, sorpresa, aversión, ira, alegría y tristeza. Todos las hemos sentido alguna vez. Si las negamos o no las expresamos adecuadamente, tarde o temprano nuestro cuerpo las va a somatizar como una enfermedad o una molestia de algo que se quedó atorado como un nudo de energía.

—¿Sabes, Hadita? Me puedo identificar perfectamente con todo eso que dices. Muchas veces me he tragado las lágrimas o he contenido la rabia frente a situaciones difíciles y siento como si mis venas ardieran. Aprieto los puños y la impotencia se apodera de mí provocándome un profundo dolor en el corazón.

—Lo que ocurre es que tu cuerpo somatiza esa impotencia. Y esa circunstancia puede tornarse grave cuando la impotencia es constante y te acostumbras a vivir con ella, pues tu cuerpo puede enfermarse por esa situación. Y en muchas ocasiones ese tipo de enfermedades tienden a ser fatales.

Las emociones que no logramos liberar se vuelven nudos energéticos en los distintos cuerpos que nos integran. Y una forma maravillosa de liberarlos, además de la expresión de la emoción, así como del ejercicio, es por medio del PERDÓN.

Pedir perdón
y perdonar

¿Quieres decir que el cuerpo y las emociones pueden sanar si perdonamos? Eso sería muy fácil, ¿no crees? Deberías decírselo a los médicos. Imagina cuánto dinero nos ahorraríamos en consultas, hospitales y medicamentos.

—De algún modo eso lo saben los médicos. Ellos aseguran que una actitud positiva ayuda notablemente a mejorar nuestra salud; sin embargo, no es así de fácil como parece. Ahora lo asumes de una manera muy objetiva, razonando la cuestión con tu mente. Pero cuando en una situación entran en escena las emociones y los apasionamientos, algo que puede ser fácil de resolver se convierte en una lucha de poder en el seno de la cual surgen sentimientos terribles que complican sobremanera las cosas.

Y eso sucede hasta en las mejores familias, en los niveles ejecutivos, en los barrios más pobres y en cualquier circunstancia en la que se encuentren dos personas cuyos puntos de vista difieren.

El perdón es necesario cuando las diferencias se convierten en grandes problemas y algo se complicó y escaló hasta alcanzar un punto en el que ya no hubo retorno. Y hubo palabras ofensivas o violencia que lastimaron a las personas en un grado extremo.

—Sí, las relaciones humanas son muy difíciles. Lo ideal sería que no existiera el conflicto... que todo fuera armonía, que viviésemos en paz, que nos perdonáramos mutuamente... Así viviríamos felices para siempre...

—¡Despierta, querida! Tú sigues viviendo tu cuento de hadas. En todo tipo de relación el conflicto siempre estará presente. Surge de alguna diferencia de ideas o de opiniones, cuando los fines del otro se contraponen con el nuestro, cuando aparece más de un punto de vista en la misma situación y sus enfoques rivalizan. Cuando nuestra historia no combina con la historia de la otra persona, por lo cual tenemos que hacer un gran esfuerzo de empatía, tolerancia y aceptación para reconocer que no poseemos la verdad absoluta.

El conflicto, en sí mismo, no es negativo, pues cuando se presenta nos obliga a realizar cambios y nos permite contemplar distintos escenarios de una misma situación, obligándonos a encontrar una solución y una estrategia que beneficie a las partes que rivalizan. Mucha gente piensa que tener conflictos es cosa de personas fracasadas, pero eso es un gran error. El conflicto siempre va a representar una oportunidad para mejorar una situación llevándola de una posición a otra o, en el peor de los casos, servirá para poner límites o para dar fin a un ciclo negativo.

Pero el conflicto puede tornarse en un gran problema cuando nos desviamos del hecho y nos quedamos con la valoración que le damos a ese hecho. Cuando deja de haber empatía, tolerancia y aceptación, y en cambio prevalece nuestro deseo de imponer los puntos de vista propios. Y en ese intento por defendernos, nos sentimos lastimados y procuramos herir al otro.

Sobre todo cuando en una relación existen lazos emocionales, el daño puede ser muy grave, porque a los lazos de amor que nos unen con la otra persona pueden sumarse lazos de odio.

—¡Exactamente! Si vives en armonía es muy bonito; pero si alguien te falla o te hace daño, entonces eso de la perdonada es más complicado. No está fácil, ¿eh? Ya parece que yo voy a perdonar a quien me lastimó mientras que esa persona va feliz por la vida como si nada hubiera pasado.

—¿Y de verdad piensas que odiando castigas a la persona que te ofendió? ¿No estarás castigando a la persona más importante? Es decir, ¿no te estarás castigando a ti misma? Si lo liberas… ¡te liberas!

No hay peor castigo que traer adherida en el alma a la persona que te dañó. Piensas en ella todo el día, la comes, la desayunas, la cenas y te hace mala digestión. La sueñas o le dedicas tus insomnios. Tanto rencor podría provocar problemas de gastritis o colitis. Y todos los entripados que haces, por supuesto, son a la salud de esa persona que odias.

Entiende, querida: no perdonar equivale a tomarse una gotita de veneno diariamente, en espera de que sea el otro el que se muera.

—¡Ouch! Eso dolió.

—Es mejor que te duela esta verdad a que sigas padeciendo las mentiras que te cuentas para mantener el odio en tu corazón. Porque al enojo hay que alimentarlo a todas horas con pensamientos negativos, con coraje, con resentimiento, con lágrimas. ¡No sabes, querida: el odio es muy demandante! Te agobia y no te deja en paz fácilmente.

Así que reflexiona: el perdón es el acto de amor más grande que puedes procurarte. Y agregaría que también es un gran acto de inteligencia; porque hay que ser muy inteligente para dejar de vivir con el enemigo.

—Ay, Hadita, yo sí duermo con el enemigo. No sabes... A veces me cae tan mal el príncipe....

—Pues ya perdónalo, querida y, sobre todo, perdónate a ti misma. Porque tienes que aceptar que para que haya un victimario siempre tiene que haber una víctima. Y tú juegas muy bien ese papel. Lo dominas a la perfección. Pero si eres honesta te preguntarás: ¿Cuántas de las cosas con las que te ha ofendido el príncipe fueron posibles porque tú solita te pusiste de tapete? ¿O cuáles fueron las expectativas que tú te inventaste y que el príncipe no te cumplió?

Perdónate por ser permisiva, por no hablar, por tener miedo, por no defenderte, POR NO PEDIR. Perdónate por haber sido débil cuando se trataba de luchar por ti misma. También perdónate por no haber entendido esta parte de la vida, pues nunca te dieron un instructivo para enfrentarla.

Y cuando llegue el final y tengas que entregar cuentas a tu Creador, estoy segura de que aprobarás la asignatura de *esposa* y de *madre*, pero antes la de *mujer*. No lo olvides.

—Ay, Hada. No me digas que no parezco mujer... Estoy de acuerdo en que hace mucho tiempo no me depilo el bigote y estoy un poco abandonada, pero no es para tanto...

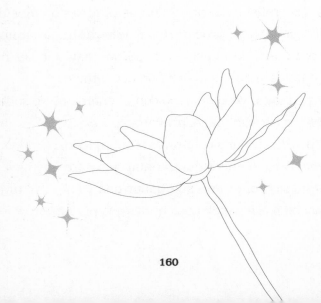

El arte de
ser tú misma

—**A**hora que lo mencionas, querida, sí, estás... no un poco, sino MUY descuidada. Es increíble que te ocupes de que tu casa siempre esté ordenada y bonita; de que tus hijos siempre estén pulcros, aseados, acicalados y bien vestidos, y de que todos tengan sus vacunas al día. Si alguno de ellos se enferma, corres a cuidarlos y te desvelas para atenderlos. Además, el príncipe luce más galán que nunca a pesar de su edad. Y en todo eso tú tienes mucho que ver...

—Gracias, gracias. Yo lo sé. Modestia aparte, me he esmerado por ser una buena mujer...

—Espere un momento, doña Modesta; no la estoy halagando: la estoy regañando. Todo lo anterior es maravilloso, pero la pregunta de fondo era: ¿Dónde estás tú? ¿Cuánto inviertes en ti? ¿Cómo está tu salud? ¿Hace cuánto tiempo no vas de compras? Y si lo has hecho, ¿hace cuánto tiempo no compras lo que te gusta? ¿Por qué vistes tan mal?

—A ver, a ver. Son muchas preguntas al mismo tiempo. Te responderé la última porque es de la que me acuerdo. Me visto así porque todo mi ropero está lleno de ropa para señora y para mamá, y ropa cómoda para dar mantenimiento al castillo. Ni modo que use mi ropa de gala para realizar las actividades domésticas.

—¡¿Ah, sí?! Y entonces ¿cuándo piensas usarla?

—Pues... ahora que adelgace, o cuando el príncipe me invite a salir, o cuando haya algo que festejar.

—¡Cenicienta, despierta! Tienes quince años esperando que algo de eso suceda y no curre. Y no es sólo tu ropa descuidada, sino tu aspecto, tu piel, tu mirada.

Y si esperas festejar algo, pues bien: hoy vamos a festejar la reconquista de tu autoestima. Y ese bigote que dices que no te has depilado, y todo lo que no te gusta de tu persona, aunque no lo quieras forma parte de ti y debes amarlo, pero también ponerle atención.

Vamos a recuperar tu amor propio y tu dignidad de SER MUJER. Parece mentira, pero hace quince años, aun vestida con esos harapos, lucías más hermosa. Tu mirada poseía un brillo especial, porque entonces tenías sueños y planes, y confiabas en que esos sueños se convertirían en realidad.

Muchas veces he soñado con tener otra vida, algo así como una vida paralela.

Hoy sueñas que tus hijos sean felices y que el príncipe resuelva sus problemas; pero se te han olvidado tus propios sueños. Ésos que iluminan tu corazón y le dan brillo a tu mirada.

—Tienes razón, pero esa verdad me duele y me lastima. Es difícil decir lo que ahora voy a confesarte, pero muchas veces he soñado con tener otra vida, algo así como una vida paralela. Una vida en la que decidí no casarme con el príncipe y pude estudiar, prepararme y lograr todas mis metas. Una vida en la que soy libre e independiente. Y esa independencia me permite conocer distintos países, diversas culturas y mucha gente. En esa vida conozco a diferentes personas con las que vivo experiencias muy variadas. En esa vida soy tan feliz, y libre.

—¿Y qué te hace pensar que esa vida no pudo haberse combinado con ésta?

—¿Cómo crees, Hadita? Cuando te casas, dejas de tomar decisiones personales y empiezas a asumir decisiones compartidas. Tienes que pedir perm... Digo, pedir opinión, por lo menos, ¿no? Una vez que me casé, mi príncipe, a quien yo debía amar y respetar, comenzó a tomar decisiones por mí.

Al principio con dulzura y poco a poco con enojo, fue descalificando cualquier opinión o comentario que yo expresaba. Con una frase disfrazada me decía: "Para qué quieres estudiar, si no lo necesitas. Para qué quieres conocer otros lugares, si este Palacio es tu mundo y eres dueña de todo lo que está aquí". Y si eso hubiera sido todo, yo lo hubiera entendido, porque mi vida la entregué a mi familia. Pero lo peor de todo fue cuando empezó a criticarme por mi forma de vestir, de arreglarme, y hasta por mi manera de hablar. Me decía que estaba muy gorda, que atendiera mis horribles estrías, que ya estaba vieja para ponerme colores alegres. Y toda una serie de cosas que asimilé al grado de que me volví muy insegura y esperaba su aprobación para la ropa que vestía.

Poco a poco me convertí en lo que él esperaba de mí y renuncié a ser yo misma.

—Te entiendo, princesa. Por lo general, la mujeres han sido más un objeto que un sujeto. Hemos sido tratadas como menores de edad, sin derecho a opinar ni a exigir nuestros derechos. Negadas de la oportunidad de probarnos a nosotras mismas para confirmar de lo que somos capaces. Y pasamos de depender de una familia a depender de una pareja.

Eso fue lo que te sucedió a ti. Y con el poder que el príncipe ejerció sobre ti, que por supuesto tú le otorgaste, cada palabra o cada juicio sobre tu persona fueron sembrando la semilla de la inseguridad.

Si la persona que se supone que te ama te envía mensajes para convencerte de que no eres lo suficientemente buena o de que eres una persona inadecuada, poco a poco esos mensajes se convierten en órdenes, que tú has cumplido al pie de la letra.

Tu relación con el príncipe fue tan precipitada que no tuvieron tiempo para conocerse. El enamoramiento provoca que no veamos los defectos de la otra persona y que, al contrario, inventemos un cuento de hadas colmado de falsas expectativas. Sin embargo, el príncipe supo con quién se casaba y todo juicio acerca de ti fue injusto.

—No sólo criticaba mi aspecto físico, sino que le molestaba que cantara y se reía de mis poemas. Si por alguna razón lloraba, decía que era una ridícula, que las mujeres resolvemos todo llorando. Y lo peor de todo es que siempre me decía que yo nací sólo para atender la casa. Que por eso la vida me había capacitado para limpiar, para barrer y para trapear.

—¿De verdad te decía todo eso? ¿Y tú no te defendías?

—Al principio sí lo hacía, pero poco a poco fui perdiendo la fuerza. Y con tal de llevar la fiesta en paz, me resigné... Como la rana.

—*Resignación* es la palabra más fea que puede existir. Implica una mezcla de dejadez y cobardía. Nos resignamos cuando dimitimos y renunciamos a lo más hermoso de nosotros: la voluntad y el afán de superación.

—Sí, Hada, eso ocurrió. Le di todo el poder a ese hombre para que minara mi voluntad y mi capacidad de soñar. Le creí cada palabra que me decía. Pospuse mis sueños hasta que decidí olvidarlos. Opté por enfrentar mi vida real y dejé de luchar. Ignoré mi voz interior y, sobre todo, *dejé de Pedir*. Me rendí... ¿Qué tienes, Hadita? ¿Acaso estás llorando? ¿Ahora eres tú quien se puso triste?

—Sí, querida. Recuerdo perfectamente esa época. Justo cuando tú dejaste de PEDIR, empezaste a olvidarme. Mataste mi recuerdo y mi voz. Tuve que despedirme de ti porque en ese momento te conformaste con tu realidad, y yo no pude ayudarte más.

Pero ahora estoy aquí. Ahora que me llamaste y abriste tu corazón para escucharme. Hoy estoy aquí para recordarte lo importante y lo valiosa que eres. Necesito que recuperemos nuestros sueños, nuestros ideales; aquellos que nunca debiste haber perdido.

Somos seres integrales y nuestra vida se conforma por diversos aspectos vitales como *ser pareja, ser padres, ser hijos, ser hermanos, ser amigos, ser profesionistas, ser sanos, ser felices...* Todo lo que significa *ser*. Pero lo más valioso es que *seas tú misma.*

Poner tu vida en las manos de otra persona es darle poder sobre ti.

Sin embargo, nadie tiene derecho de vivir tu vida. Repetiste el patrón que viviste.

—¿Cómo?

—El poder que ejerció tu padre sobre ti lo cedió a tu madrastra y ella le pasó la estafeta al príncipe... Y tú estás haciendo lo mismo con tus hijos. Ya párale, querida... Retoma tu vida. Sé tú misma. La vida es individual y cada quien es su propia causa. Deja de ser una marioneta y recupera esos hilos que han sido manejados por distintas personas, circunstancias y experiencias. Y lo más importante, recuerda: TE TIENES A TI.

—¿Cómo? ¿Me tengo a mí? ¿Eso es todo? ¿Dónde puedo poner una queja? ¿No puedo pasar a la catafixia?

—Santo Niño, ¿por qué insistes en descalificarte? ¡Qué buenos maestros tuviste para mantenerte en el abismo!

Cuando digo que "TE TIENES A TI" me refiero a que posees un tesoro maravilloso en tu corazón. Dios no se equivoca. Él te hizo a su imagen y semejanza, pero a la vez te regaló tu hermosa INDIVIDUALIDAD. Cuando naciste, se rompió el molde. Eres un ser único e irrepetible.

Fíjate bien, querida. No existe nadie en este mundo que sea idéntico a ti. No hay nadie igual que tú. Es más, en todo el tiempo que ha existido esta humanidad, no ha habido dos seres idénticos y no los habrá nunca. Nuestro Creador se ha esmerado en darnos cualidades, talentos, habilidades y una personalidad especial a CADA UNO de nosotros. Eres su obra de arte. Y en algún lugar de tu alma, con tinta invisible, está la firma del Artista. Por esa razón debes sentirte muy orgullosa.

La vida es como un rompecabezas de miles de piezas. Si alguna vez has armado uno de esos juegos, estarás de acuerdo conmigo en que todas las piezas son distintas. Aunque tú puedas jurar que algunas son igualitas, al final de cuentas resulta que no caben en el mismo lugar. Y si esa pieza llegara a faltar, el paisaje nunca sería completo. A simple vista se notaría la falta de una pieza importante. Por lo tanto, tu individualidad es parte importantísima del paisaje de la Creación.

El mundo no sería igual si tú faltaras. Y cuando lo llegues a hacer, tu legado a la humanidad hará más bella la experiencia de aquellos que logren establecer contacto contigo.

El arte de ser tú misma significa
reconocerte, amarte y valorarte,
es decir, ir por la vida sintiéndote
muy orgullosa de ti.

¿Recuerdas el momento en que te pedí que te miraras al espejo?

—Me da horror enfrentarme al espejo. No me gusto nada. Ojalá tuviera el cuerpo de Esmeralda o el cabello de Rapunzel, los ojos de Aurora y la voz de Ariel...

—Querida, si tuvieras todo eso dejarías de ser tú. Y como te dije antes, Dios no se equivoca. Te dio atributos particulares a los que puedes sacarles partido. Además, no te dejes llevar por las expectativas creadas por la publicidad acerca de la belleza. Esos estereotipos se alejan cada vez más de la gente normal.

Pero si observas bien, en ese espejo vas a encontrar un gran lienzo para que realices una obra hermosa. Te voy a mostrar lo que hice la noche del baile para que hagas lo mismo por ti.

Tu cuerpo es único. Todos los cuerpos son distintos y no todos tienen la proporción perfecta. Siempre habrá detalles que tendremos que atender. El espejo te dirá si tienes cadera prominente, si hay pompis, si tienes el vientre abultado...

—Párale, párale. Justamente eso es lo que no quiero saber.

—Y si no lo sabes, ¿cómo lo vas a corregir? Ah, sí claro, vistiendo esas espantosas sudaderas y esas horribles blusas holgadas. Pero eso la ropa no lo corrige; sólo lo oculta. Nadie va a hacer por ti lo que tú no hagas, recuérdalo. Enfréntate al espejo para atender lo que deba atenderse. Pon manos a la obra.

—Lo que pasa es que me da flojera arreglarme. A veces no quiero ni bañarme. Hace mucho tiempo que ni siquiera me depilo las piernas. Mira...

—¡Pero qué horror! Parecen piernas de chamaco. Ya veo por qué el príncipe no quiere ni acercarse a ti. ¡Querida, le estás permitiendo la entrada a la depresión! Por favor, sacúdete esa flojera y destierra de tu vida esa pésima actitud. Deja de usar esa ropa matapasiones y levántate.

—Pero... Esta ropa disimula la pancita y las lonjitas que no sé dónde poner cuando uso la ropa que tanto me gusta. Es el cuento de nunca acabar: saco toda mi ropa, me la pruebo... pero siempre termino usando la misma.

—Querida, no existen los cuerpos perfectos ni los vientres planos. Todo cuerpo femenino, de forma natural, posee un vientre visible. Claro... unos más visibles que otros, ¿verdad? Pero todo vientre abultado es síntoma de mala digestión. Por eso insisto en que tengas cuidado con lo que comes. Todo lo que no eliminamos se queda en el cuerpo.

Báñate con jabones aromáticos, con esencias que suavicen tu piel. Trátate como lo que eres: una reina. Y, por Dios, ¡depílate esas piernas!

Observa tu peinado. De acuerdo con la forma de tu cara te queda mejor el cabello recogido, pues afina tus facciones. Invierte en un buen corte y dale luz a tu cabello. Hoy hay muchas formas de lucir más bella.

Usa un poco de maquillaje. No pongas como pretexto que hace daño a la salud, porque hoy la tecnología ha creado productos que convienen a tu piel. Un poco de rubor, máscara de pestañas y brillo en los labios harán una gran diferencia.

—¿Y todo para gustarle al príncipe? ¿Crees que notará la diferencia?

—No, querida: TODO PARA GUSTARTE A TI. Y cuando te gustes a ti, entonces el príncipe notará la diferencia.

Por eso es necesario que recuperes el amor y la fe en ti misma. Tienes una gran lista de bendiciones y, por supuesto, has hecho más cosas buenas que malas en tu vida. Aunque recuerda que las malas, los errores y los fracasos, son parte importante de nuestro camino, porque de esas experiencias obtenemos sabiduría. Pero ya no mires atrás. Es importante que desde ahora dirijas tu mirada hacia el futuro.

Tu destino no es ser esposa, ni ser madre, ni ser una buena hija. Esas son asignaturas que van enriqueciendo tu experiencia haciendo tu vida más satisfactoria y encauzando tus pasos hacia tus metas. Llegarás a tu destino cuando descubras tus talentos y los pongas al servicio de la humanidad.

Tu misión es ser plena y ser feliz, tocando la vida de los demás y dejándoles buenos recuerdos. Tu destino es ser un gran ejemplo en cada prueba y a cada instante. Tu destino es resolver tu vida, ya que deberás entregar cuentas de su estado cuando emprendas el regreso a casa, el regreso a tu fuente creadora.

Tu objetivo es que tus vivencias fortalezcan tu espíritu; que sanes tu alma y la ilumines, aprendiendo de tu luz y de tu sombra. Recuerda que eres un ser espiritual que vive una experiencia terrenal.

—Ahora sí me perdí completamente: ¿qué soy?, ¿quién soy...?. O, más bien, debería preguntar: ¿Tú quién eres? ¿Acaso mi conciencia, mi espíritu?

*Somos seres
espirituales
en una misión
terrenal*

—Cuando la fuente creadora diseñó tu vida y decidió que vinieras a este plano de existencia, se inició tu proceso evolutivo. La historia, la religión y la ciencia nos ofrecen diversas teorías acerca de cómo se formó el hombre, pero aún no se ponen de acuerdo en una sola explicación. Lo cierto es que tu proceso evolutivo involucra tres aspectos importantísimos para que se cumpla esa tarea: tu cuerpo, tu mente y tu espíritu.

A través de los siglos, el cuerpo humano ha logrado evolucionar para que sus funciones le permitan desenvolverse en este mundo. El cuerpo es un vehículo maravilloso a través de cuyos órganos vitales realiza una serie de procesos que lo mantienen respirando, digiriendo y nutriéndose, eliminando toxinas y conservando una armonía

*En la mente se instalan
las terribles* CREENCIAS NEGATIVAS
*que ensombrecen nuestra alma
y no dejan que el espíritu
se manifieste como debe ser.*

perfecta, hasta que nosotros lo afectamos con nuestros malos hábitos, nuestras creencias negativas y nuestras discordancias. Aun así, me queda claro que la evolución del cuerpo prácticamente ha concluido.

Por otro lado tenemos la evolución de la MENTE. Nuestros procesos mentales han tenido una aceleración impresionante de sesenta años a la fecha. En estos pocos años hemos visto muchísimos más avances que los que ha habido en toda la historia previa. Y esta evolución no se ha detenido, ni se detendrá. Al parecer está en su mejor momento. La CIENCIA y sus procesos no descansan, pues día a día dan origen a inventos novedosos y nuevos descubrimientos que transforman la vida de las personas, tanto para bien como para mal, pues, así como es capaz de desarrollar medicinas, bienestar, entretenimiento, etcétera, también es capaz de construir las bombas más letales, las armas más sofisticadas, y de provocar la contaminación más terrible y toda una serie de daños que vulneran al individuo y a su medio ambiente.

Además, en la mente se instalan las terribles CREENCIAS NEGATIVAS que ensombrecen nuestra alma y no dejan que el espíritu se manifieste como debe ser. Y estas creencias las adquirimos progresivamente en el transcurso de la vida que elegimos. Antes de arribar a este mundo y materializarnos en este cuerpo físico, éramos espíritus en proceso de evolución. Cada uno tenía una tarea asignada que realizaba en completa armonía en otra dimensión del tiempo y el espacio. Pero un día, el Maestro se acercó y nos dijo: "Se ha abierto una universidad para todos aquellos espíritus que quieran alcanzar un nivel de evolución superior". Y, por supuesto, todos los espíritus aventureros, osados y valientes, preguntamos las condiciones y los requisitos para formar parte de esa aventura. Se trataba de elegir un proceso de vida, en la cual debíamos entrar en contacto con otros seres que se convertirían en nuestros guías y maestros. Tendríamos que vivir experiencias complicadas según el nivel de evolución que eligiéramos y se nos impondrían pruebas, retos o exámenes que iban a evaluar nuestro nivel de desarrollo. Una vez superadas las pruebas, lograríamos la maestría para pasar a un nivel superior.

Y lo más importante es que nosotros mismos seleccionaríamos esas pruebas y a nuestros maestros. Por eso no tiene caso culpar a nadie de nuestra suerte. Somos responsables. Somos seres individuales y somos nuestra propia causa.

La misión era interesante, pero había otra condición: al ingresar a esa universidad, olvidaríamos nuestro origen, enfrentaríamos un proceso de amnesia que ya no nos permitiría recordar lo más importante: que somos seres espirituales, creadores y amorosos, interactuando en un proceso de amor y sacrificio para evolucionar y elevar de ese modo el nivel de la universidad a la que asistiríamos, es decir, a la Tierra. Íbamos a olvidar que no sólo somos cuerpo, sino espíritu. Y así fue como llegamos a esta universidad de la vida.

Arribamos a través de un proceso de fecundación, gestación y nacimiento, en un estuche llamado cuerpo y en forma de bebé, un ser frágil e inocente que iniciaría su proceso de aprendizaje sin saber lo que iba a enfrentar.

La vida, celebrando nuestro nacimiento, nos ofrecería en el camino todos los regalos que tiene para nosotros.

—¿Regalos? ¿Así como un árbol de Navidad lleno de regalos?

—Exactamente así. Cada regalo deberás abrirlo poco a poco, descubriendo su interior. Habrá obsequios con envolturas hermosas que despertarán grandes expectativas en ti. Serán de todos los tamaños, colores, texturas y calidades. Todos te sorprenderán; unos más, otros menos. Algunos tendrán lo que tanto has anhelado; otros incluirán sorpresas inesperadas, y habrá muchos más de los que te decepcionarás al abrirlos. Cada regalo es una vivencia, una experiencia, buena o mala, pero, al fin de cuentas, querida, TODOS SON REGALOS.

Fuimos conociendo a nuestros guías y a nuestros maestros. Unos eran muy buenos y otros muy rudos. Estos últimos tenían los títulos de papá, mamá, hijos, familia, amigos, pareja, enemigos. Todos sufrían amnesia. A través de ellos aprenderíamos las asignaturas para avanzar en nuestra evolución.

Así es como empezamos a experimentar la vida con todas sus pruebas y aprendemos del temor, del dolor, de la carencia, de la soledad y de muchos otros aspectos difíciles que nos depara el mundo. Por supuesto también aprendemos cosas buenas como el amor, la solidaridad, la amistad, etcétera. No obstante, parece que el ser humano está marcado con lo negativo. Así que adquirimos creencias como "No merezco", "No sirvo", "No puedo" y "No valgo". Por eso es difícil pedir a la vida lo que requerimos para ser felices.

EVOLUCIÓN DEL ESPÍRITU

El espíritu es tu parte perfecta, tu esencia sagrada. Es la chispa divina que te mantiene en este plano de existencia en una conexión perfecta con tu Creador.

El espíritu sostiene a nuestro cuerpo, a nuestra mente y a nuestra alma, la cual está integrada por nuestra sombra y nuestra luz. Nuestra alma vive presa en el ser humano, luchando en forma constante para encontrar un equilibrio y alcanzar el bien; pero la ignorancia y el ego no se lo permiten. Esa es la batalla que sostenemos diariamente y su resultado siempre será nuestra elección. Se nos otorgó el libre albedrío para realizar dicha elección.

Somos seres en proceso evolutivo y al permitir al espíritu manifestarse, tomar el control y el poder para alcanzar el bien, la verdad y la luz, lograremos completar el ciclo y regresaremos a casa.

—¿Regresar a casa significa que vamos a morir?

—No, querida, no seas extremista. Podemos trasladar el cielo a la tierra. Podemos hacer de este mundo un hermoso lugar para vivir, si pedimos lo que necesitamos para ser felices y ofrecemos a cambio lo mejor de nuestros talentos a favor del bien.

Regresar a casa significa vivir cada día y cada momento en Dios y en el amor, con entusiasmo, armonía y equilibrio. Es una tarea consciente que se puede llevar a cabo en nuestra vida diaria. No es fácil pero podemos encontrar momentos maravillosos que eleven nuestra energía vibratoria y nos mantengan en ese estado de gracia, en periodos cada vez más largos y frecuentes.

Es importante alimentar este estado atrayendo a nosotros todo lo que eleve nuestra vibración espiritual, como la música, la danza, la meditación, la risa y el amor. Y cuando hablo de amor, me refiero en especial al amor por uno mismo, ese amor que nace en nuestro interior y se proyecta hacia afuera. Nadie puede dar lo que no tiene. Así que no podemos decir que amamos a los demás si no nos amamos y nos perdonamos a nosotros mismos.

Otra forma de alimentar el espíritu es mediante la gratitud. Ser agradecido nos mantendrá en un estado de gracia constante, porque al agradecer recordamos las cosas hermosas que nos ha brindado la vida.

La vida que se nos entrega día con día a través de un ser maravilloso al cual debemos agradecer: nuestra hermosa Madre Tierra. Nuestro cuerpo y mente deben alinearse para honrar a este ser especial que se ha convertido en nuestra escuela, en nuestra universidad; en el hogar que habitamos y que nos ha proveído todo. Esta maravillosa Madre que se ha encargado de sostener la vida de cada ser humano. Para honrarla, deberíamos enfocar todo nuestro potencial para elevar su vibración y devolverle algo de lo que ella nos ha brindado. Alimentar nuestro espíritu es una buena forma de ayudar a nuestra Madre Tierra.

—Entonces, querida hada madrina, ¿tú eres mi espíritu?

—Verás, querida, sólo soy una parte de él. Represento el puente que te vincula con tu Yo Superior o, lo que es lo mismo, con tu conciencia.

—¡Como Pepe Grillo!

—Sí, querida, más o menos... como Pepe Grillo.

Ser consciente

—L a conciencia es ese filtro que une nuestra parte humana con nuestra parte divina y que, a su vez, nos separa de nuestra parte primitiva, es decir, de nuestro aspecto irracional; esa parte de nosotros tropieza con todo y va por la vida peleando contra todos.

Ser conscientes implica despertar de un sueño irreal y empezar a hacer contacto con las energías más elevadas, a través de las cuales las cosas se verán más claras y todo lo que hemos vivido empezará a cobrar sentido. Ser conscientes significa comenzar a vivir en un estado de plenitud. Cuando tienes pleno conocimiento de ti mismo, de tu existencia y de tu entorno, y asimilas lo que te sucede como un medio para llegar a un fin, entonces eres consciente.

—Ay, Hadita, cada vez me la pones más difícil. Eso me suena muy elevado. Algo así como las experiencias que han tenido la Madre Teresa, Mahatma Gandhi, Juan Pablo II y personajes de ese calibre... Pero, ¿yo? ¿Qué puedo hacer yo desde mi realidad?

—Elevar tu nivel de conciencia requiere, antes que nada, una decisión para iniciar un nuevo estilo de vida. El cambio no ocurre de la noche a la mañana, y requiere acción y voluntad.

Hay algunos pasos muy sencillos que puedes comenzar a practicar desde este momento. Para empezar, hay 3 actitudes que debes abandonar porque te alejan de tu conciencia elevada: 1) dejar de quejarte, 2) dejar de vivir en el pasado, recordando las cosas negativas, y 3) dejar de culpar a los demás de todo lo que te sucede.

Y, por otro lado, hay cosas que puedes empezar a aplicar para vivir en estado de plenitud la mayor parte de tu día.

Así que, sólo por hoy:

1. Sé una persona agradecida.
2. Presta tu ayuda a quien esté en desventaja.
3. No juzgues a los demás.
4. Piensa positivamente.
5. Vive en el aquí y en el ahora, disfrutando cada momento presente.
6. Piensa que toda situación tiene una razón de ser.

7. Ama la vida con intensidad.
8. Convive con tus seres queridos.
9. Colabora con tu entorno y tu medio ambiente.
10. Valórate y ámate a ti misma.

Recuerda: si hay voluntad, siempre habrá un camino.

En la medida en que lleves a cabo lo anterior, tu conciencia se expandirá. Ten presente que tu conciencia está unida a la conciencia de la humanidad y que nuestro mundo siempre será un reflejo de ésta.

Todos somos una creación de la Conciencia Superior Universal y ésa es nuestra sustancia: paz, compasión, sabiduría y gratitud. En la medida en que la despertemos y la enfoquemos al bien, nuestro mundo comenzará a cambiar. Si transformamos nuestra conciencia, el mundo como lo conocemos también sufrirá una transformación.

Todos los seres que habitamos este mundo tenemos la responsabilidad de elevar nuestra conciencia para alcanzar un propósito especial: el amor. Si queremos paz para el mundo, primero debemos estar en paz con nosotros mismos. Todo surge primero en nuestra conciencia, y al proyectarlo hacia afuera, será el mejor regalo que podamos aportar al mundo.

Podemos ser el cambio que deseamos ver en el mundo.

Esta sabiduría es el Despertar...

Despierta, querida... despierta...

—Hada, ¿estás ahí? Qué barbaridad, creo que me quedé dormida... ¿Cuánto tiempo estuve soñando? ¿Sólo fue un sueño? ¿Hada? Hadita, ¿estás ahí? Contéstame, ¿sigues ahí?

Cenicienta se levanta un poco aturdida y camina hacia un espejo. Al ver reflejado su rostro pone especial atención en su mirada y descubre un brillo especial. Es el brillo que había perdido con el paso de los años y que ahora adquiere un destello único... Esa mirada la fortalece, le transmite confianza y seguridad. Y entonces descubre que su hada madrina no se ha ido, sino que, simplemente, ocupó el lugar que le correspondía. Tomó posesión de su templo unificando su cuerpo, su mente y su espíritu. Ahora Cenicienta sabe qué significa vivir en conciencia... Y a partir de este momento vivirá feliz para siempre...

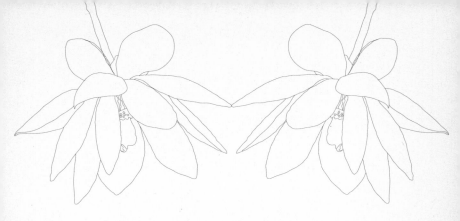

1. Soy un ser consciente de mi grandeza personal.
2. Soy un ser único e irrepetible.
3. Soy cocreador de mi propio destino.
4. Valgo mucho y merezco todas las riquezas y las bondades de la vida.
5. A partir de hoy pido a la vida lo que por derecho me corresponde: salud, prosperidad y amor.
6. A partir de hoy expreso lo que quiero y lo que no quiero.
7. Hoy me lleno de amor para poder compartir con los demás.
8. Hoy sé que mi presencia en esta vida tiene un sentido superior.
9. Hoy soy feliz.

Bibliografía

Barreca, Regina, *Maridos perfectos y otros cuentos de hadas*, Vergara, 1994.

Canfield, Jack, y Mark Victor Hansen, *El factor Aladino*, Edivision, 1997.

Chávez, Martha Alicia, *Tu hijo, tu espejo*, Random House, 2009.

Graman, Marilyn, Maureen Walsh y Hillary Welles, *There is No Prince*, Life Works Books, 2003.

Harvey, Steve, *Actúa como dama, pero piensa como hombre*, Aguilar, 2010.

Martínez Eroza, Mariesther, *Sopa o sexo. El dilema de la mujer actual*, Planeta, 2011.

Norwood, Robin, *¿Por qué a mí?*, Ediciones B, 2011.

Perel, Esther, *Inteligencia erótica*, Diana, 2007.